司法与经济方法研究

SIFA YU JINGJI FANGFA YANJIU

李海昕 吴钦梅◎著

四川大学出版社

项目策划：袁　捷
责任编辑：袁　捷
责任校对：张伊伊
封面设计：墨创文化
责任印制：王　炜

图书在版编目（CIP）数据

司法与经济方法研究 / 李海昕，吴钦梅著 . — 成都：四川大学出版社，2020.6
（博士文库）
ISBN 978-7-5690-3314-4

Ⅰ . ①司… Ⅱ . ①李… ②吴… Ⅲ . ①司法－研究－中国 Ⅳ . ① D926

中国版本图书馆 CIP 数据核字 (2019) 第 292740 号

书　名	司法与经济方法研究
著　　者	李海昕　吴钦梅
出　　版	四川大学出版社
地　　址	成都市一环路南一段 24 号（610065）
发　　行	四川大学出版社
书　　号	ISBN 978-7-5690-3314-4
印前制作	石　慧
印　　刷	四川彩美印务有限公司
成品尺寸	148mm×210mm
印　张	7.5
字　数	200 千字
版　次	2020 年 7 月第 1 版
印　次	2020 年 7 月第 1 次印刷
定　价	48.00 元

扫码加入读者圈

版权所有 ◆ 侵权必究

◆ 读者邮购本书，请与本社发行科联系。
电话：(028)85408408/ (028)85401670/ (028)86408023　邮政编码：610065
◆ 本社图书如有印装质量问题，请寄回出版社调换。
◆ 网址：http://press.scu.edu.cn

四川大学出版社
微信公众号

序

　　司法活动是实施法的重要方面，其主要目标是实现法律公正。经济活动则主要涉及物质资料的生产、消费、分配等，其主要目标是实现资源的优化配置和追求效率。两者虽然追求的目标不同，有时还存在矛盾，但两者之间显然也有高度一致之处。司法的核心是对法律权利、义务及案件的争议进行裁断，从某种意义上看，司法活动是对被不法活动、矛盾争议破坏的社会资源配置秩序的纠偏或进行资源的再配置。一方面，这种"纠偏"和"再配置"应当朝着有利于资源配置更加优化的方向进行，是否有利于社会资源配置的优化，是评价司法规则（包括其所依据的实体法规则）优劣的重要标准，也是过去法经济学重要的理论方法；另一方面，按照自然界普遍存在的"熵增定律"，这种资源"纠偏"或"再配置"不可能自动实现，而必须通过消耗社会资源来实现，因此其亦存在用于司法本身的资源配置的优化问题，即，是否有利于司法本身资源配置的优化，是评价司法制度、诉讼程序机制的重要标尺。而经济理论研究的主要关注点就是资源配置。因此，司法理论与经济理论之间，显然具有相互交叉、融会贯通的基础。分析人类理性行为选择、分析人与人之间合作与斗争等利益关系，探讨资源配置效率最大化等，为政治经济学、西方经济学等经济理论提供了大量的理论方法武器。这些武器，犹如尖锐的手术刀，刺穿传统司法理论的迷雾，帮助我们深刻理解乃至解剖司法活动背后的内在规律，给我们提供了传统法学理论所不具备的独特视角、观点、方法。结合实际灵活运用这些经济理论方法，往往能够达到传统法学理论达不到的理论境界，提供传统法学理论无法提供的具体结论和解决方案。具体到当前，实现"人民群众在每一个司法案件中都感受到公平正义"，从经济学意义上，就是实现司法机关供给的"司法产品"与经济社会需求的平衡。笔者相信，不断重新审视经济理论，将其进一步与司法理论研究相结合，不仅具有理论可能性，而且是司法在社会中进一步发挥正面作用，实现司法与经济社会良性互动的需要，更是充分解释、解决司法自身所面临的实践难题的有力工具。

笔者从事司法工作和法律研究十余年，通过长期的法经济学理论的学习、研究，逐步将有关的司法理论与经济理论相结合，逐步探索经济理论在司法理论与实践研究中的切入角度和运用方法，略有体会。因此，将近年来在这方面的思考，按照相应的理论思路进行整理编写，出版本书。本书具体的写作分工为吴钦梅负责第六章第一节的撰写，李海昕负责本书其余部分的撰写和统稿工作。本书不仅力图体现经济研究思维在司法制度、司法规则等方面的具体应用思路和方法，同时也希望展现这一方法和思路逐步形成的过程。希望本书能够抛砖引玉，不断拓展这一方法和思路的具体应用场景，解决和指导更多司法领域难题和促进司法领域改革创新。

需要特别说明的是，本书反映了笔者过去一个时期以来的一些思考成果。书中的部分观点，可能带有一定时期的局限性，加之笔者视野和理论造诣的局限，本书的不足之处在所难免，恳请各位理论和实务专家不吝批评指正。

2019 年 9 月于兴隆湖畔

目 录

第一章 法经济学方法的司法研究应用 …………………… 1
第一节 马克思法经济学方法的司法研究应用 …………… 1
一、马克思关于法经济学的基本观点与方法 …………… 1
二、马克思法经济学方法论在司法的经济分析中的具体应用 …………………………………………………… 5
三、马克思经济学方法论运用于司法经济分析的几点启示 …………………………………………………… 9

第二节 西方法经济学方法的司法研究应用 …………… 11
一、关于运用西方经济学理论对司法案件裁判的原则和规则进行研究 ……………………………………… 11
二、关于运用西方经济学理论对司法程序制度设计进行研究 ………………………………………………… 12
三、运用西方经济学理论对法官和法院的行为进行分析 …………………………………………………… 14
四、关于司法产品及其供给的研究 …………………… 15
五、关于司法制度实际运行状态的经济学研究 ……… 17
六、关于西方法经济学司法研究运用的几点启示 …… 19

第二章 民事司法与经济研究方法 ……………………… 22
第一节 "车辆贬值损失赔偿"问题研究 ………………… 22
一、难题引出:车辆贬值损失赔偿引发的争论 ………… 22

i

二、传统法律研究方法下的两种观点对比与批判 ………… 24
　　三、车辆贬值损失限额赔偿制的法经济学证成 …………… 29
　　四、车辆贬值损失限额赔偿司法规则的具体设计和应用
　　　………………………………………………………………… 34
　第二节　情谊行为理论的民法与法经济学研究 ……………… 36
　　一、引题：有关婚内协议的司法规则分歧 ………………… 36
　　二、情谊行为是什么 ………………………………………… 37
　　三、情谊行为理论的民法解释 ……………………………… 42
　　四、法律调控的成本控制：情谊行为理论的法经济学解释
　　　………………………………………………………………… 45
　　五、建议：谨慎处理婚内协议 ……………………………… 47
　第三节　民法"不可抗力"界限的法经济学分析 …………… 51
　　一、引题：案情与审理 ……………………………………… 51
　　二、分析：如何通过法经济学方法界定"不可抗力"
　　　………………………………………………………………… 53
　第四节　胎儿权益的民法保护 ………………………………… 57
　　一、引题：案情与审理 ……………………………………… 57
　　二、保护胎儿利益的传统民法法理基础 …………………… 60
　　三、"权利能力"并非保护胎儿利益的唯一法律手段 …… 63
　　四、请求权基础检索：公正裁判之技术关键 ……………… 64

第三章　知识产权与法经济研究方法 …………………………… 67
　第一节　知识产权制度的政治经济学研究 …………………… 67
　　一、知识产权制度的政治经济学分析研究概况 …………… 68
　　二、知识产权制度政治经济学分析的具体观点分析综述
　　　………………………………………………………………… 69
　　三、知识产权制度政治经济学研究的评价 ………………… 74
　　四、知识产权制度政治经济学研究的思考与启示 ………… 75

第二节　关于知识产权"法益论"的探讨 …………… 76
　一、关于知识产权"私权论"的评价 ……………… 77
　二、"权利"与"法益"之辨析 …………………… 81
　三、知识产权"法益论"的理论与实践价值 ………… 83

第四章　民间金融司法与法经济研究方法 …………… 87
第一节　关于民间金融司法的实证调查：以四川为例 …… 87
　一、民间借贷诉讼案件的基本特点和难点 …………… 87
　二、民间金融司法难题的初步分析 …………………… 91
　三、做好民间金融司法的对策 ………………………… 93
第二节　民间金融的分配公平悖论：一种政治经济学的分析
　……………………………………………………… 94
　一、民间金融与分配公平问题 ………………………… 94
　二、民间金融发展与分配公平悖论 …………………… 96
　三、民间金融的收入分配悖论的影响因素分析 ……… 101
　四、规范民间金融发展的对策建议 …………………… 108

第五章　司法资源配置与经济研究方法 ……………… 111
第一节　人民法院"案多人少"的政治经济学解释 …… 111
　一、政府与市场："案多人少"政治经济学观察 …… 111
　二、司法审判的政治经济学性质与特征分析 ………… 114
　三、人民法院"案多人少"成因的政治经济学分析 … 119
　四、主要结论和建议 …………………………………… 124
第二节　司法人员劳动力配置的经济研究 ……………… 126
　一、问题的提出："案多人少"中的"人少" ……… 126
　二、理论准备：关于公共职位劳动力双轨制问题研究综述
　……………………………………………………… 128
　三、司法人员劳动力定价双轨制的经济学问题 ……… 130

四、司法人员劳动力政府定价机制形成原因的分析…… 137
　　五、如何形成合理的司法人员劳动力定价机制………… 143
第三节　司法成本分配制度的经济学研究……………………… 146
　　一、民事诉讼合理开支费用制度缺失及其后果………… 146
　　二、民事诉讼合理开支费用分配制度的理论与实践基础
　　　………………………………………………………… 148
　　三、民事诉讼合理开支费用分配制度建构的基本原则
　　　………………………………………………………… 154
　　四、诉讼合理开支费用分配制度的若干关键问题……… 156
　　五、制度设计建议稿：《关于建立当事人参加民事诉讼
　　　合理开支费用分配制度的规定》…………………… 159

第六章　诉讼程序与法经济学研究方法………………………… 164
　第一节　关于民事诉讼制度现代化的思考……………………… 164
　　一、中国特色社会主义法治体系建设背景下民事司法
　　　呈现的主要特点……………………………………… 164
　　二、当前时代背景下人民法院实施《民事诉讼法》的
　　　若干难点分析………………………………………… 166
　　三、关于当前背景下推动民事诉讼制度现代化的几点思考
　　　………………………………………………………… 169
　第二节　小额诉讼制度实施问题的法经济学研究……………… 172
　　一、问题的提出………………………………………… 172
　　二、小额诉讼制度实施中的问题表现…………………… 175
　　三、小额诉讼制度参与者博弈策略选择分析…………… 177
　　四、小额诉讼制度参与者的博弈结果…………………… 181
　　五、小额诉讼制度完善的对策建议……………………… 183
　第三节　关于法院审判委员会宏观指导职能的法经济学
　　　　　研究………………………………………………… 186

一、问题的提出……………………………………… 186
二、C省法院审判委员会宏观指导基本状况的考察分析
　………………………………………………………… 188
三、法院审判委员会宏观指导职能弱化的原因……… 195
四、审判委员会宏观指导职能的重置………………… 200

第七章　司法与社会关系的法经济学研究……………… 207
第一节　死刑存废问题的经济分析…………………… 207
一、传统法学理论关于死刑存废争议综述…………… 207
二、不同的经济社会基础：对传统理论两派观点的批判
　………………………………………………………… 211
三、当前我国死刑政策选择的经济社会基础分析…… 212
四、以新的理论方法看待死刑政策…………………… 215
第二节　司法与非常态社会关系的一种经济分析：
　　　　　以汶川特大地震为例……………………… 216
一、司法应对是汶川特大地震灾害应对的重要组成部分
　………………………………………………………… 216
二、司法在非常态社会与常态社会背景下的定位差异
　………………………………………………………… 218
三、司法在非常态社会背景下的局限与优势………… 220
四、非常态社会背景下的司法应为与不为…………… 223

主要参考文献……………………………………………… 226

第一章 法经济学方法的司法研究应用

第一节 马克思法经济学方法的司法研究应用

司法活动作为特殊的国家社会管理活动,受到经济规律的支配和刚性约束;随着经济社会发展,司法需求与司法职能供给不足的矛盾,必须运用马克思主义法经济学观点和方法加以分析解释;有关司法制度与司法过程的分析,必须坚持唯物主义的基本思想;有关司法制度的经济分析应当重视与其匹配的经济史的研究和分析。辩证唯物主义和历史唯物主义是马克思法律理论和政治经济学理论的基本观点和方法。有关我国司法制度及其改革、司法实践的经济分析研究,应当坚持以辩证唯物主义和历史唯物主义为基本方法论,完善马克思主义法经济学理论体系下司法的经济分析研究。

一、马克思关于法经济学的基本观点与方法

法经济学是运用经济学的理论和方法来检验和分析法律制度的起源、结构、演化、功能等方面内容的学科,是法学理论与经济学理论相互交叉融合的结果。尤其是运用马克思主义理论观点与方法研究法律制度问题,必须密切联系政治经济学理论。早在美国法经济学理论被大规模引进我国之前的1983年,种明钊就提出这样的观点:法学的理论基础是政治经济学,离开政治经济学去研究法学,不但成效甚少,而且往往会走上歧路。要把这两

门不同学科有机地结合在一起,这既不是政治经济学,也不是法学所能实现的,而只能由一门新兴的学科——法经济学来实现①。在当时的观点看来,马克思主义法经济学包含以下一些主要的内容:(1)法起源于人们的经济生活条件;(2)法的关系是反映经济关系的意志关系;(3)立法是对经济关系的要求的表明和记载;(4)社会主义经济关系与社会主义法;(5)社会主义法与客观经济规律;(6)社会主义法的经济作用;(7)用法律手段管理经济。

尽管通常认为目前我国法经济学学科是引进自美国的法经济学理论,发端自20世纪60年代科斯的《社会成本问题》、卡拉布雷西的《关于风险分配和侵权法的一些思考》、阿尔钦的《关于财产经济学》等论文,并且通常认为法经济学的集大成者为以波斯纳为代表的芝加哥学派。② 但实际上,对法律进行经济分析,或者说深入探讨法律制度与人类经济活动之间的关系,并非科斯、波斯纳等为人熟知的美国法经济学者的专利。早在以上的研究之前,马克思在其多部著作中就自觉地运用经济学理论和方法对许多法律问题展开分析。

根据学者的研究,马克思法经济学思想见于《关于林木盗窃法的辩论》《黑格尔法哲学批判》《论住宅问题》《德意志意识形态》《1844年经济哲学手稿》《资本论》等文献中,经历了一个发展的过程。③ 其发展脉络大体是私人利益决定法阶段(以《关

---

① 种明钊:《马克思主义法学的理论基础与法经济学的建立》,《法学季刊》1983年第2期。
② 〔美〕唐纳德·A. 威特曼:《法律经济学文献精选》,苏力等译,北京:法律出版社,2006年,中译本序。
③ 陈斌彬:《马克思和恩格斯的法经济学思想探析》,《中南财经政法大学学报》2007年第6期;李学迎、李振宇:《科斯与马克思的法经济学思想比较》,《理论学刊》2009年第5期。

于林木盗窃法的辩论》为代表);市民社会决定法阶段(以《黑格尔法哲学批判》为代表);经济基础决定法阶段(以《德意志意识形态》为代表);广泛应用阶段(以《资本论》及其手稿为代表)。马克思法经济学思想体现在关于法律的一系列基本理论问题的认识上,主要包括法的起源、法的本质、法的演变及法与经济之间的辩证关系等问题的论证之中。

(1) 在法的起源上,以往的欧洲法学家简单地从权力、意志、理性、自由等表面现象来解释法的起源,将法说成是起源于神的意志、人的理性或者是人们订立社会契约的结果,鲜有学者从经济学的角度去考虑这一问题。马克思法经济学理论认为法不仅天生与经济关系有着必然的联系,而且其本身就是物质生产关系发展到一定阶段的产物,是伴随着私有制的出现才产生的。

(2) 在法的本质上,在马克思以前的唯心主义法律观要么将法视为宣誓神或上帝旨意的载体,要么将它等同于正义或人性、理性及意志的化身,如此种种。但马克思却认为法既不是神的意志,也不是全民意志或者社会共同利益,而是统治阶级的意志,是在经济上和政治上占据统治地位的那个阶级意志的体现。并且,统治阶级的意志不是凭空产生的,归根结底还是经济关系的反映,是他们所处的经济关系本身的发展水平所决定的。即法律是统治阶级意志的反映,是由这个阶级的物质生活条件来决定的。

(3) 在法的发展演进上,马克思运用历史唯物主义思想提出,法的发展演进始终同社会物质生活的发展变化联系在一起,是由经济力量最终支配和决定的社会现象。法的量变是以生产力和交往形式的量变为前提。法的质变也是以物质生产方式的质变为归依,如果变化的生产力导致统治阶级丧失自己的统治,那么,不仅阶级意志而且整个社会的经济基础和个人生活都改变了,法自然也会随之发生质变。所以,马克思认为,社会制度的任何变化,所有制关系中的每一次变革,都是新的生产力同旧的所有制在不相适应的条件下发展的必然结果。

(4) 在法与经济之间的关系上,马克思、恩格斯非常强调两者辩证互动的关系。在强调经济对法的起源、本质和发展演变过程中起决定性作用的同时,也十分关注法对经济的反作用。他们发现国家权力对经济发展的反作用可能有三种:一是沿着同一方向起作用,使经济得以较快发展;二是沿着相反的方向起作用,使经济走向崩溃;三是扭转经济发展方向,结果可能与前两种情形中的一种相同。因此有学者提出,后来西方法经济学中关于"法律制度是经济增长内生变量"的提法在很大程度上是对马克思、恩格斯相关理论的继承与深化,尤其是被奉为"金科玉律"的"科斯定理"正是对"法对经济具有反作用"这一论断的最佳诠释[①]。

从以上马克思、恩格斯的法经济学思想来看,其核心方法论是辩证唯物主义和历史唯物主义。即运用事物普遍联系、矛盾的对立运动的基本思想和方法,分析法律与经济之间的密切联系和相互关系,强调经济条件对法律的决定性作用,以及法律实践活动对经济的反作用,批判法律活动来源于人们主观意志、绝对理性、道德命令等唯心主义观点;将人类经济活动和法律实践的演变发展,看成是自然历史发展进程的一个过程,具有其客观性、历史性,当前存在的法律现象是人类经济社会特殊发展阶段的具体的、历史的现象,并非永恒的、一成不变的事物。一切现存的法律制度在包含着对自身的肯定的同时,也包含着对自身的否定的因素。

---

① 陈斌彬:《马克思和恩格斯的法经济学思想探析》,《中南财经政法大学学报》2007年第6期。

第一章 法经济学方法的司法研究应用

二、马克思法经济学方法论在司法的经济分析中的具体应用

按照一般的法学基础理论，法的实施包括立法、执法、司法和法律监督。司法是法律实施的重要组成部分。有学者就曾提出，司法活动实际上也是一种特殊的经济关系在司法领域内的反映，它的活动过程无不受经济规律的支配和制约。所以，建立司法经济学，对司法活动的经济含义、经济效益和社会效益加以研究，并从中找出其规律性，是既可能又必要的事情。① 只是由于长期以来的各种认识误区，学界往往认为在司法工作中只能算政治账，不能算经济账。这就构成了建立司法经济学的理论障碍。

按照马克思、恩格斯法经济学方法论的基本观点，生产力决定生产关系，经济基础决定上层建筑。法院、法庭的司法审判活动属于上层建筑的范畴。那么经济基础自然对司法活动起决定性作用，司法活动反过来对经济活动产生反作用，与司法有关的制度机制的运行及其改革，也是具体的、历史的过程，不能离开具体的经济的、物质的环境因素来进行研究。显然，马克思、恩格斯法经济学方法论，对我国当前的司法活动、司法实践及司法制度改革完善等方面，都具有很强的解释力，具有重要的应用价值。

经济基础对司法活动具有决定性作用。法院的司法活动主要是受理各类案件、纠纷，做出裁判并依法执行。法院受理、审理案件的情况，特别是民商事案件的案发情况在一定程度上反映着国家经济运行的状况。改革开放 40 年来，我国经历了从计划经济向社会主义市场经济的转变，无论是经济总量，还是经济活动形态、经济利益关系都发生了根本性的变化。从近年来人民法院司法实践来看，社会主义市场经济的高速发展，对人民法院司法

---

① 吴平魁：《关于建立我国司法经济学的构想》，《当代经济科学》1990 年第 3 期。

活动产生了决定性的影响,并主要表现在以下几个方面。

(一) 经济总量迅速增长对司法带来的决定性影响

改革开放40年来,特别是近十几年来,经济社会的发展变迁,社会治理结构的变化,使司法产品的需求量总体呈现迅速增长的态势。许多学者认为,改革开放以来我国经济迅速发展与案件数量增长存在密切的关系①。因此司法产品需求的快速增长的重要原因之一,就是经济的发展。根据笔者的统计,改革开放以来,近年来我国各级法院受案数量连续多年保持高增长势头,这种增长势头确实与经济总量增长存在相当程度的正相关关系(见图1-1)②。

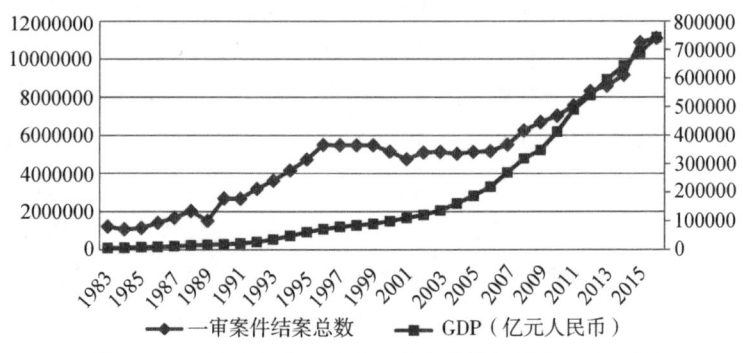

图1-1　全国各级人民法院一审案件数与同期GDP对比

---

① 左卫民:《诉讼爆炸的中国应对:基于W区法院近三十年审判实践的实证分析》,《中国法学》2018年第4期。

② GDP数据来源:国家统计局。一审案件结案总数来源于最高人民法院:《人民法院司法统计历史典籍1949—2016(综合卷)》,北京:中国民主法制出版社,2018年。其中1997—1998年一审结案总数数据暂缺。选取一审结案数作为分析数据,主要是因为:一审案件数量能够反映形成诉讼的各类冲突矛盾总数,如再计算二审、再审、执行等案件数量,则存在重复计算问题;并且早期人民法院统计数据缺乏收案总数数据,因此仅计算结案数据。但需要说明的是,由于人民法院审理案件存在一定周期,因此结案数据相对收案数据而言,存在半年至一年的时滞效应,也就是说,司法产品对经济社会发展变化带来的冲击反应较慢。

(二) 经济活动类型的多样化对司法带来的决定性影响

过去，特别是20世纪90年代以前，人民法院受理的民事案件多为离婚、继承、人身伤害、邻里关系等传统民事案件，纠纷类型十分单一。而空前活跃的经济活动带来了更多更复杂的司法案件类型，人民法院事实上所承担的经济调节职能空前加强。以最高人民法院制定的关于民事案件案由规定的规范性文件为例，2000年最高人民法院颁布的《民事案件案由规定（试行）》（法发〔2000〕26号）将案由分为四部分五十四类300种，到2011年，最高人民法院印发的《民事案件案由规定》（法〔2011〕42号）就规定了第一级案由10个、第二级案由42个、第三级案由424个、第四级案由367个，共计843个。增加了大量的新类型经济纠纷案件类型作为新的案由。面对日益复杂的经济活动及其纠纷类型，最高人民法院作为最高审判机关，在现行法律缺乏明确规定但相关经济纠纷大量出现，迫切需要解决的情况下，近年来相继出台了《关于审理独立保函纠纷案件若干问题的规定》《关于审理民间借贷案件适用法律若干问题的规定》《关于审理利用信息网络侵害人身权益民事纠纷案件适用法律若干问题的规定》等司法解释，也是相应的例证。

(三) 经济调控方式变化对法院司法角色、任务造成的决定性影响

经济活动总量增长及其类型的复杂度加剧，并非人民法院受理经济纠纷数量急剧增长的全部决定性因素。在计划经济向市场经济转轨过程中，市场经济中的产权调控机制从国家行政调控机制转向了司法调控机制，为法院司法活动发展的另一决定性经济因素。根据顾培东的研究，进入20世纪90年代后，中国社会的

所有制结构出现了较大的调整①。这一调整的基本趋势和走向是非公有经济在全社会所有制结构中的比重逐步增加,而国有或公有经济的比重相对降低。由此所带来的另一方面结果是:国家用于社会控制的经济资源大大减少;国家与社会成员进行交换并促使其服从国家意志的经济条件有所减弱。在市场经济体制下,诸多经济过程已脱离了政党及政府的直接控制,更主要是直接承载政党及政府指令、体现其权威的最基本单元"单位"的功能发生了重大改变。"单位"作为一种经济组织的特性更为突出,而接受政党或政府指令实施社会(对单位成员)控制的动机及能力都有很大减弱。由此,司法的作用愈显突出,社会治理过程对司法的依赖空前加重。

就司法活动对经济活动的反作用看,侯猛先生认为,在中国经济转型过程中,司法制度呈现出一个重要特点,法院特别是最高法院对市场经济活动的介入范围越来越广,最高法院已经具有并日益增强了规制经济(regulating economy)的功能,对日常社会经济生活有着越来越大的影响力②。法院的司法活动及其司法制度,不仅决定于特定历史阶段社会的经济基础,同时也对经济活动起反作用。这种影响主要可以归纳为以下几个方面。第一,司法对基本经济制度的确认和保护作用,特别是司法的产权保护作用。从我国的司法实践来看,产权保护的问题始终贯穿于人民法院审判执行工作的各个方面。2016年11月28日,最高人民法院印发了《关于充分发挥审判职能作用切实加强产权保护的意见》《关于依法妥善处理历史形成的产权案件工作实施意见》两个实施意见,立足于人民法院司法职能,对贯彻实施中央关于完

---

① 顾培东:《中国司法改革的宏观思考》,《法学研究》2000年第3期。
② 侯猛:《美国最高法院对经济的影响力:一个述评》,《法律适用》2006年第8期。

善产权保护制度依法保护产权的精神,提出了明确意见,强调了产权司法保护的基本原则,提出了加强产权保护的十大司法政策,对加强产权保护的机制建设也提出了相应要求。第二,司法作为国家有形的手,对经济活动进行调节和对经济资源进行配置等方面起到了重要的作用。如最高人民法院对保障金融安全、保护知识产权先后制定了多项司法政策,对国家整体经济政策实施和经济资源配置发挥了重要影响。第三,司法公正效率不足、司法权威不足的问题,也构成了对社会经济发展的制约因素。

三、马克思经济学方法论运用于司法经济分析的几点启示

马克思主义经济学方法论从根本上讲,是辩证唯物主义和历史唯物主义,这是司法的经济分析研究应当坚持的根本方法。通过马克思主义经济学方法论与司法经济分析的对比研究,可以得出以下几点方法论意义上的启示。

第一,司法活动是一种特殊的国家社会管理活动,受到经济规律的支配和刚性约束。按照马克思主义基本观点,司法活动并非某一机关或个人随心所欲的结果,而是由现实物质基础所决定的一种特殊的社会关系,并且这一关系的变化过程必然呈现出一定的规律。司法活动过程所固有的这一客观规律的主观反映就是司法活动过程所应遵循的各项原则。其中主要是经济效益原则和社会效益原则。如果只追求社会效益而舍弃或忽视经济效益,必定造成司法领域人、财、物的极大浪费,会影响到社会效益的实现。

第二,经济社会和人民群众日益增长的司法需求与司法职能供给不足的矛盾,必须运用马克思主义法经济学观点和方法加以分析解释。当前司法供求矛盾,主要表现在人民法院"案多人少"的矛盾上,这是特定时期的现象,具有历史性,有其深刻的社会背景。要解决这一矛盾,不仅要改革完善司法制度机制,更要注

意到其中反映出的经济资源供给与需求的矛盾,进行综合治理。

第三,司法过程的底层结构是一种特殊的物质与能量转换过程,司法制度机制的经济分析,必须坚持唯物主义的基本思想。物质不灭定律和能量守恒定律是马克思辩证唯物主义和历史唯物主义的重要思想来源。遵循马克思主义基本方法,就必须深刻认识到,人类一切经济社会活动、司法活动的底层结构都是物质与能量的转换过程,这一过程必须遵循物质不灭定律和能量守恒定律。司法制度机制,类似于人造的机器,它的底层是物质与能量的转换装置,任何人造的机器、人类设计的制度机制,只能转换物质和能量形态(热力学第一定律),把不适合人类的物质和能量形态转换成适合人类的物质和能量形态,但100%的转换效率也是不可能实现的(熵增定律)。任何制度的设计运行,都必须遵循这一铁律,司法制度也不例外。因此司法制度对经济社会的调节作用,在特定的物质资源条件下,存在一定的极限范围。因此,在运用马克思主义法经济学分析司法制度机制时,不能将永动机式的思维带入司法制度的分析,把不切实际的永动机幻想作为司法制度设计和追求的目标。必须在尊重自然规律、经济规律的基础上,对司法制度发挥作用的经济基础条件进行深入研究。

第四,司法的经济分析应当重视历史研究方法。正如严中平所言,经济发展史是历史曲线的中轴①。围绕经济发展的变迁进行司法制度变迁的经济史分析,是重要的法经济学研究方法,也是历史唯物主义的当然要求。对司法制度及其改革的探索,应当从经济发展史中寻找深层次规律,并加以抽象提炼。并且,应当按照上层建筑与经济基础的辩证关系要求,提出符合当代经济发展状况和经济关系的配套司法制度的改革对策。

---

① 严中平:《科学研究方法十讲》,北京:人民出版社,1986年,第22页。

第一章 法经济学方法的司法研究应用

第二节 西方法经济学方法的司法研究应用

运用经济学理论和方法分析研究司法问题，是西方经济学和法学研究的一种值得关注的现象。早在亚当·斯密的《国富论》中，就有关于运用其"经济人"思想对司法行为与司法制度进行经济学分析的先例。他认为司法判决是法官基于自己个人利益最大化的行为，这种行为必将影响司法公正，经过分析，他认为，要实现司法公正，必须施行司法独立和法官薪俸制①。尽管如此，由于西方的司法体系是一个相对独立且较为封闭的体系，在相当长一段时间内，西方经济学家对司法活动的分析研究总体较少。随着美国的新制度经济学理论的发展，特别是芝加哥学派法经济学"法律的经济分析"方法的发展，这一理论逐渐成为法学研究的重要研究方法。理查德·波斯纳的《法律的经济分析》对美国的司法独立体制和刑事、民事诉讼制度，证据规则等从经济分析的角度进行了论证。罗伯特·考特、托马斯·尤伦在《法和经济学》中对英美普通法诉讼程序的经济效率进行了经济分析。以下将以西方经济学理论方法对司法问题进行分析的论述，进行分类梳理和评述。

一、关于运用西方经济学理论对司法案件裁判的原则和规则进行研究

苏力围绕明代官员海瑞提出的对案件事实真伪不明的司法案件如何裁判的经验概括和追求，运用西方经济学（主要是法经济

---

① 〔英〕亚当·斯密：《国富论》，胡长明译，北京：人民日报出版社，2009年，第386页。

学）以及其他社会学、伦理学方法进行了支持论证，将以上经验概括为"海瑞定理"："始终如一地依法公正裁判会减少机会型诉讼（海瑞定理Ⅰ）。在经济资产的两可案件中，无法明晰的产权应配置给经济资产缺乏的人（海瑞定理ⅡA）；以及文化资产的两可案件中，无法明晰的产权应配置给文化资产丰裕的人（海瑞定理ⅡB）。"① 以上的研究方法，可以归结为西方经济学最常用的成本效益分析，或者说社会效益最大化分析，即苏力将海瑞定理Ⅱ浓缩抽象为："两可案件的判决应追求社会财富的最大化（或社会损失的最小化）。"

桑本谦在苏力上述研究的基础之上，加入了事实真伪不明的疑难案件的错判概率以及当事人的证明成本的分析因素，又抽象提炼出了多个疑难司法案件的处理原则，如"疑案的判决应有利于预期错判损失与证明成本之和较高的一方当事人"。并且提出，应当从制度层面降低疑难案件判决造成的成本："疑案的判决规则应尽量与社会强势观念相协调；疑案的判决应尽量诉诸预设的规则。"②

二、关于运用西方经济学理论对司法程序制度设计进行研究

张维迎、艾佳慧以司法程序中的上诉程序为研究对象，认为上诉程序制度应当是一套能够化解上诉当事人和上诉法官（或法院）之间信息不对称的有效机制。③ 如果缺乏一些足以甄别当事人信息以及传递法官始终如一依法判决信号的有效制度，上诉过

---

① 苏力：《"海瑞定理"的经济学解读》，《中国社会科学》2006年第6期。

② 桑本谦：《疑案判决的经济学原则分析》，《中国社会科学》2008年第4期。

③ 张维迎、艾佳慧：《上诉程序的信息机制——兼论上诉功能的实现》，《中国法学》2011年第3期。

第一章 法经济学方法的司法研究应用

程就可能存在一种"劣币驱逐良币"的逆向选择效应，它使得那些本应该上诉的实质性案件没有上诉，而本来不应该上诉的机会型案件反而进入了上诉法院。他们以"分配正义"司法哲学触发，考察如何通过制定若干限制上诉权的具体制度以实现上诉当事人"隐蔽"信息的有效甄别，以及如何通过若干法治基础性制度的建立以实现上诉法官始终如一依法判决等相关审判信息的有效传递，借此合理控制上诉规模、实现上诉功能，并长期消除可能导致一种无效分离均衡的逆向选择效应的制度机制。

左卫民对刑事诉讼制度进行了经济分析，认为刑事诉讼制度的构建建立在成本—收益的理性行为模式之上，即：一国的刑事诉讼活动必须以尽可能少的诉讼成本产出尽可能多的诉讼收益。① 该文献通过分析古代早期弹劾式、中古纠问式和现代当事人主义和职权主义诉讼模式发现，刑事诉讼成本的投入呈逐渐上升趋势，从追求比较单纯的权力经济演化为对权力经济和权利经济的并重。

徐昕针对我国实践中证人不出庭以及法官不信任证人的现象，运用经济学方法分析了证人和法官行为选择的约束因素，包括证人提供证言的激励因素、证人证言可置信度的决定因素等。② 文章进而分析法官对有关证人证言的信念所赖以形成的基础，这些信念如何影响证人证言的可置信度，以及为促进证人陈述实情和法官对证人的信任而提出了完善证人制度的建议。徐昕还运用经济分析方法对诉权的本质提出了经济解释，他认为，只有使用诉权的成本与收益相匹配即符合经济效率原则时，诉权才会被赋予。③

---

① 左卫民：《刑事诉讼的经济分析》，《法学研究》2005年第4期。
② 徐昕：《法官为什么不相信证人》，《中外法学》2006年第3期。
③ 徐昕：《诉权的经济分析》，《云南大学学报（法学版）》2007年第4期。

该文运用诸多例证讨论了艰深且以传统方法难以取得进展的诉权理论，为诉权以及其他基本理论研究指出了一条运用包括经济学方法在内的社会科学研究路径。

三、运用西方经济学理论对法官和法院的行为进行分析

追求个人效用最大化的理性经济人假设，是亚当·斯密以来西方经济学分析框架的一个基本假设。在西方法经济学理论对司法行为的经济分析中，也基本上遵循这一假设。只是在具体的处理上，将个人的不同偏好纳入了分析框架之中。特别是对法官个体行为的分析。按照司法理论和各国通行的司法制度，法官是居中行使裁判权的专门人员，追求无私的司法公正，是法官的职业道德和应然行为取向。但为了将法官行为纳入西方经济学理论分析框架，西方法经济学理论往往将法官的行为也假定为经济人，只是加入了多样化的偏好，将不具有直接的物质化、货币化利益的声望、评价、权力感、职业满足感等方面的因素作为法官所追求的效用，特别是构建了比较复杂的法官效用函数来描述法官的行为取向和行动策略。

波斯纳在其《超越法律》中运用法律的经济分析方法，特别是借鉴了西方经济学的劳动力要素理论、分配理论，以"法官最大化些什么"为章节题目，分析研究了法官行为的取向，并初步建立了一个简单的法官效用函数模型，认为法官的效用是关于审判工作时间、闲暇时间、金钱收入、声誉、威望以及避免判决被撤销等因素的函数。[①] 受此启发，杨柳在其博士学位论文中运用契约和信息经济学相关理论，通过构建法官效用函数来具体分析法官的专业知识、专业认同感、知识发酵度及负外部性信息对

---

① 〔美〕理查德·A. 波斯纳：《超越法律》，苏力译，北京：中国政法大学出版社，2001年，第157页。

法官效用的影响进而对司法裁判产生的影响，提出中国法官的效用包含四个方面的因素：物质收入效用因素、职业声誉效用因素、工作满足效用因素、信息效用因素，由此提出了一个描述中国法官的效用函数。① 王雷等认为，司法公正与法官激励是当前司法领域中所面临的最为紧迫而关键的问题，该研究运用博弈论来模拟现实的审判过程。② 研究认为：司法效果与司法者的法律遵从度、工作勤勉度、工资收入、司法权的有效配置呈正相关，与外在干预（贿赂）呈负相关。上述变量影响着司法者效用的改变，进而影响司法者的裁判和社会所获得的公正执法水平，从而提高法官法律遵从度并调整法官与社会之间的效用关系，从制度上实现司法权的有效配置。这对于实现司法公正来说，是至关重要的。

关玫、钱大军运用契约理论、信息不对称、重复博弈等概念以及委托—代理理论对司法公信问题进行了简单分析③。该理论将司法公信力纳入公众和司法机关之间的"委托代理关系"框架，认为司法公信力不高的问题主要在于"委托代理关系"中的受托人的机会主义行为，导致的对委托人利益的损害，造成逆向选择、道德风险等问题。在此分析之上，关玫、钱大军提出了明确司法机关权限（代理人权限）、完善激励机制、增强司法公开（减少信息不对称）的建议。

四、关于司法产品及其供给的研究

司法案件的处理（主要包括审判和执行活动）具有向当事

---

① 杨柳：《司法裁判的经济学分析》，北京交通大学硕士学位论文，2012 年。

② 王雷、万迪昉、贸明等：《司法者激励对司法公正影响的模型分析》，《当代经济科学》2007 年第 6 期。

③ 关玫、钱大军：《司法公信力的经济分析》，《北华大学学报（社会科学版）》2004 年第 5 期。

人和社会提供纠纷解决的直接功能，以及提供规则指引和维护社会秩序稳定的间接职能。尽管不同司法个案的处理千差万别，不同司法人员的行为也不尽相同，但通过"司法产品"这一抽象化的概念，可以将司法机关的司法案件处理活动进行宏观化、抽象化处理，并引入西方经济学关于商品的供给—需求分析的基本框架进行研究。张伟强运用西方经济学理论，将司法产品供给纳入供给—需求分析框架内，结合司法产品的性质分析了西方经济学理论中的公共物品与私人物品的区别与联系，结合西方（主要是英美）法制史的实证材料，论证了如下观点：司法产品并不必然就是公共物品，司法服务也非必须由政府提供。① 市场或社区自身也能够提供非政府的纠纷解决机制。政府司法并不天然优于非政府司法。对于大量不具有公共物品属性的案件，非政府司法能够提供更有效率的服务。当事人的选择自由和竞争机制（如当事人合意选择法官）是非政府司法有效运作的关键。

申伟对司法产品的性质分类及其供给，从法学角度进行了研究。他认为，司法始终在生产并向外部社会输出各种"产物"。② 从表现形态看，司法生产并向外部社会输出的这些"产物"，既可能是有形的亦即具有某种物质化的载体，也可能是无形的亦即没有物质化载体。司法判决、司法调解协议、司法裁定或司法决定这些司法"产物"中的一种或者几种归于司法，可以将其看作是司法工作的成果。这些成果通常被归入"司法产品"的概念之下。该文根据"司法产品"是否与以审判为标准，将司法产品划分为常规性司法产品与敷应性司法产品（situational justice

---

① 张伟强：《论司法产品的性质与供给——一个经济分析的视角》，《北方法学》2016年第5期。

② 申伟：《司法产品的分类及其供给》，《暨南学报（哲学社会科学版）》2016年第12期。

products)两类。同时,申伟还分别探讨了两种司法产品在中国转型内向外部社会提供的司法产品的基本状况,即中国司法所供给的司法产品是什么以及是怎样供给的。尽管使用了"供给"的概念,但申伟并没有运用西方经济学理论和视角探讨司法供给和需求及其均衡的相关问题。

五、关于司法制度实际运行状态的经济学研究

张维迎、柯荣住运用信息经济学家阿克洛夫的逆向选择理论,对北京某基层法院的契约纠纷判决书进行了经验实证分析,通过对原被告的诉讼情况、违约原因及判决结果等方面的分析,提出了关于我国民事诉讼中存在的逆向选择效应。[①] 该文献认为,通常原告必赢或很可能赢的纠纷,被告对败诉结果应当有充分合理的预见性,因此此类案件本不应当大量进入诉讼。进入诉讼的往往是双方纠纷争议较大,案件存在一定模糊性,需要法官进行疑难裁断的案件。如果实际中原告高胜诉率和被告高败诉率并存,即案件并不模糊时,那么主要是被告退出机制出了问题。可能的原因有当事人有意违约、双方当事人之间信息不对称、对判决的结果没有准确的估计、判决执行率低、司法腐败等因素影响判决的结果,等等。作者通过对判决书样本的经济实证分析,对其提出的假设进行了论证。

贺欣对张维迎、柯荣住的上述研究进行了评论,充分肯定了该文献在运用西方经济学理论和经验实证研究方法研究司法实践问题的重大方法论意义,同时,贺欣也对论证过程提出了几点批评:一是论证过程费解,把原告高胜诉率等同于"逆向选择"效应存在,属于有问题的论证逻辑;二是数据论证存在不严谨之

[①] 张维迎、柯荣住:《诉讼过程中的逆向选择及其解释》,《中国社会科学》2002年第2期。

处,如发现外地企业胜诉量、本地企业胜诉量在总样本量的比例来论证存在的问题,但在比率计算分母上,外地企业的胜诉比率计算上由于分母较大(本地与本地企业之间发生的案件较多,分母较小),导致比率偏低;三是忽略法学理论制度知识,如没有注意到地域管辖和级别管辖对基层法院受理案件类型和特点的影响,因此该文所有关于地域的结论也就不可靠;四是视角过于单一,仅用北京一个基层法院一段时间的数据(半年)作为实证分析材料,而且也仅采用了定量的分析方法。①

艾佳慧从另一个角度质疑了张维迎、柯荣住的上述论文,指出法官和当事人之间并不存在信息不对称,原告高胜诉率的原因并不在纠纷处理过程中,而是在纠纷形成过程中,并提出了民事诉讼制度缺陷的一个解释,并通过收集辽宁营口中级人民法院1990—2001年的经济案件数据作为样本进行了验证。②

郝君富、文学还介绍了国外司法经济学的研究方法及进展,但该文献研究评述的"司法经济学",是英文"Forensic Economics"的翻译,是指与刑侦或司法鉴定有关的经济学,并引用国外学者齐泽维茨的定义,将该"司法经济学"定义为"利用经济学方法研究社会中的不公平交易进而揭露其背后隐藏行为的一个经济学分支"③。由于汉语与外语在理解和表意习惯等方面带来的翻译困难和误解,此处的"司法经济学"(Forensic Economics)更接近于"刑侦经济学"或"法医物证技术经济学",与我们通常理解的运用经济学理论研究司法案件纠纷审判活动、司法机关运

---

① 贺欣:《中国民事诉讼的确存在逆向选择效应吗?》,《法学》2005年第7期。

② 艾佳慧:《司法判决中双高现象并存的一种社会学解释》,《中外法学》2005年第6期。

③ 郝君富、文学:《司法经济学的研究方法及进展》,《广东财经大学学报》2014年第3期。

行、司法制度等通常意义上的司法经济学、司法的经济分析等概念含义相差较大,故不再深入探讨。

六、关于西方法经济学司法研究运用的几点启示

第一,运用西方经济学方法分析司法程序、司法行为、司法制度等问题,结合点、切入点是多方面的。西方经济学理论提供了分析人类社会行为和制度的比较全面完整的方法论,给法学领域内的司法理论问题提供了有力的研究工具。西方经济学经过长期的理论探讨,其研究方法较为丰富。现代西方经济学已经不再是简单研究物质资料生产、交换、分配的理论体系,而是特定资源约束条件下,人类的理性或有限理性条件下的选择问题。因此运用经济学理论对司法问题的研究,切入点较多。如借用经济人、有限理性假设等理论,研究法官等司法人员以及当事人的行为,以及评价相应的制度设计;借用价格理论和边际分析法,分析司法过程的效用、成本、收益问题,对有关司法制度进行分析;借用新制度经济学委托代理理论,研究司法人员与公众的关系;运用供给需求的理论视角,研究司法活动对社会带来的产品及其资源耗费等。

第二,司法问题的经济学研究,理论结合度不够,理论与实践脱离等问题还比较突出。因为司法活动相关的理论知识以及西方经济学理论体系的专业化、精细分工的特点,都比较突出,因此将两者进行结合分析,是一件较为困难的任务。从目前的研究成果来看,法学领域特别是诉讼法、司法制度、法理学领域的学者对这方面的分析研究,存在对西方经济学理论和方法理解不深,浮于表面的突出问题。在理论方法上,主要局限于成本、收益等传统价格理论分析框架,其他理论分析方法运用不多。总体上存在用经济学理论去论证已经得到理论共识或者在实践中得到验证的法学理论命题的"补强论证"倾向,降低了这类理论研究的价值。而经济学领域的学者对司法活动的研究，虽然对西方经济学理论方法的运用较为熟练，但又存在以下问题：对现行司法制度及其历史背景了解不深，因此对问题的判断略有偏差，如学者对张维迎、柯荣住前引研究的批评；对司法审判活动的运作的具体过程理解不够，造成了有关模型的构建和论证太过粗糙，严重脱离司法活动实际；有关的经验实证分析（计量统计）所得出的结论，即使不采用经验实证（计量统计方法）也能清楚判断，而且得出的结论也存在过于空泛、针对性差、实践价值不大等问题①。

第三，司法的过程是一个高度依赖于物质资料和人力投入的过程，而西方经济学的主要研究对象就是社会的物质资料生产、消费、交换等经济活动，在这一点上，司法活动与经济活动必然遵循部分共通的规律。目前从这一角度进行切入结合的研究文献，探讨司法活动及其遵循的经济规律的成果较少。从西方经济学的供求均衡思想出发，司法"产品市场"与司法"要素市场"这两个市场应当同时实现均衡。现有的司法的经济分析研究，往往孤立片面地研究司法的成本和效率问题，把司法机关（主要指法院）作为司法产品的供给者，将人民群众或法院以外的政治经济社会实践活动抽象为司法产品的消费者。研究两者之间的关系，往往片面强调经济社会对司法机关、司法产品的庞大需求，探讨司法机关加大司法产品供给，充分满足司法产品的需要。忽略了司法产品供给与需求的另一方面是司法"要素"的供给与需求，而"司法要素"的提供者通常是司法机关以外的主体，也就是来源于全社会。这种片面强调产品供求均衡，忽视要素供求均衡的理论，与实践中司法人员流失、司法资源严重浪费、司

---

① 贺欣：《中国民事诉讼的确存在逆向选择效应吗？》，《法学》2005年第7期。

法权威和公信力下降等不利局面,有着密不可分的关系。这一问题的解决,有待下一步深入的研究探讨。

第四,在进行司法的经济分析过程中,需要对西方经济学理论方法中的不合理和庸俗部分予以充分注意和鉴别。例如,现有的利用西方经济学方法进行的司法经济分析,普遍存在分析浮于表面,用西方经济学理论中描述市场竞争现象和描摹资产阶级日常观念的内容来解释司法制度中的具体安排,忽视司法制度背后的内在生理学的问题;用资源、成本等概念和方法研究司法制度,过分集中于人与物的关系范畴,对司法制度背后人与人之间的关系,特别是以经济关系为基础所决定的司法制度的有关范畴,存在有意无意的忽视;用量的关系的分析取代质的分析,尽管司法制度设计与运行必须充分考虑效率因素,但把司法运行的目标简单庸俗化为效率最大化甚至货币收益最大化,容易导致司法研究脱离正常的社会需求、人民需求的倾向。

第二章 民事司法与经济研究方法

第一节 "车辆贬值损失赔偿"问题研究

一、难题引出：车辆贬值损失赔偿引发的争论

典型案例：A驾驶的奔驰汽车（价值约100万元）在某立交桥与B驾驶的宝来汽车迎面相撞。经认定，B违反道路交通法规，负事故全部责任。A因维修车辆产生各种费用5万余元。另经评估鉴定，奔驰车事故前后市场价差额（车辆贬值损失）为19.2万元，评估鉴定费用0.8万元。A将B诉至法院，除主张维修费用外，还要求B赔偿车辆贬值损失及评估鉴定费。两级法院审理后均认为，原告A的车辆系高档商品，虽然得到修理，但非完全复原，事故对该车价值产生了价值贬损。这价值差额属于民法损失范畴，应受法律保护，遂判令被告B除承担维修费用外，还应承担车辆贬值损失及评估费用共20万元。

近年来，随着人们消费能力的提升，国内汽车保有量快速增长，价值不菲的中、高档汽车也大量出现。在这样的大背景下，各地在审理交通事故民事赔偿案件中，相继出现了索赔车辆贬值损失（或称车辆减值损失）的情况。由于各保险公司商业第三

第二章 民事司法与经济研究方法

者责任险条款大多明文将该损失排除在承保范围之外,而损失往往涉及高档车辆且数额较大,因此肇事方是否应当承担这种损失,为各界广泛关注和争论的话题。以上典型案例被某市法院作为示范性案例发布后,尽管法院判决有通行的民法理论作为支撑,但仍引起不少普通市民的反对。他们普遍忧虑,赔偿车辆贬值损失,意味着穷车主要为富车主的巨额车辆贬值损失买单,同样的违法行为后果却大不相同,很不公平。一些低档车车主甚至认为,以后上路行车,只要看见"奔驰""宝马"等高档汽车,必然尽力躲闪,以免惹来"天价贬值费"赔偿①。

关于车辆贬值损失是否应当赔偿,我国现有的法律和司法解释并没有直接、明确的规定,而不同的法院出于对现行法律和理论理解的不同,以及司法的社会效果等考虑,采取的态度也不统一。面对不同的认识和做法,最高人民法院也在积极采取措施,意图统一司法尺度,有关司法解释讨论稿、指导性文件征求意见稿已多次涉及该问题②。尽管如此,从相关文件的表述,以及各地法院反馈的意见来看,不同观点之间的关键性分歧仍然存在,共识尚未形成。车辆贬值损失是否赔偿,已成为审判实践中的一大疑难问题。实践告诉我们,在复杂、疑难的司法争议背后,不仅仅是法律规则、法律理论之"难",更是社会利益、价值衡平取舍之"难"。要破解"车辆贬值损失"这个难题,除了将法律理论作为分析工具之外,更应当把这一难题放到具体的社会背景中去观察、思考,分析难题形成的原因,以理性、务实的态度寻

---

① 《成都:"天价贬值费"成普通消费者"心病"》,《工人日报》2008年4月3日,第4版。

② 如最高人民法院2010年起草的《关于审理道路交通事故损害赔偿案件适用法律若干问题的解释》(第五稿)、2011年《全国民事审判工作会议纪要》(征求意见稿),等等。

求解决之策。

二、传统法律研究方法下的两种观点对比与批判

关于车辆贬值损失难题，已有不同的论者给出了针锋相对、各具理由的答案。有必要对这些论点进行梳理、对比、分析，进而找到合理解答。

（一）支持车辆贬值赔偿的理由梳理

目前，支持车辆贬值赔偿的专门论述①已有不少，理由大体相同，主要可归纳为以下几点。

第一，车辆贬值损失属于客观存在的财产损失。受各种因素影响，事故车辆即使通过维修，整体性能仍可能达不到事故前的状态，其使用价值、市场价格较事故前为低，是客观存在的事实，而非心理因素。这种损失不以出卖与否而改变，并非预期利益损失。

第二，赔偿贬值损失符合全面赔偿原则。全面赔偿原则（或填平原则）是民法损害赔偿的基本原则之一。事故车辆在经过修复，仍不足以恢复事故前的功能与价值的情形下，仍有必要以金钱赔偿的方式予以补救。

第三，赔偿贬值损失符合过错责任原则。过错责任原则是侵权责任的一般原则，是传统民法正义观的主要体现之一。如果法律不让有过错的驾驶者赔偿贬值损失，那么并无过错的受害人将被迫忍受汽车价值贬损和使用上的不便，这是不公正的。

---

① 代表性的成果有胡建勇：《交通事故车辆减值损失若干问题探讨》，《法律适用》2004年第6期；曾耀林、张媛媛：《肇事人赔偿车辆贬值损失的条件》，《人民司法·案例》2008年第8期；杨立新：《车辆减值损失应当得到合理的赔偿——对"车辆减值损失能否得到赔偿"话题讨论的归纳与述评》，《人民法院报》2006年5月17日，第B2版等。

第二章 民事司法与经济研究方法

第四,赔偿贬值损失有利于惩治交通违法行为。责令过错方承担车辆贬值损失,让违法者承担不利后果,不仅能弥补无辜受害人损失,也有利于惩罚违法行为,推动形成自觉遵守交通法律法规的意识。否则,驾驶员自恃有交强险和商业三责险的保护,会助长交通违法行为。

第五,外国法律实践已有先例。德国法院判例及通说认为,事故车辆较无事故车辆而言,不仅存在商业减值,而且还会影响受害者使用,可能需要经常修理,这种贬值损失需要即时的赔偿加以清算。①

(二) 反对车辆贬值赔偿的理由梳理

反对车辆贬值损失赔偿的观点和理由,系统性论述较少,散见于综述性文章、报道②。但据了解,持此观点者也不少,理由主要有以下几点。

第一,缺乏法源的支撑。支持车辆贬值损失赔偿,目前仍缺乏明确的法律、司法解释规定作为基础。

第二,车辆贬值主要是心理作用,且未出卖的受损车辆无贬值。受损车辆经修复可继续使用,在车辆自己使用的情况下,贬值损失更多的是一种心理作用。即使修复后的事故车辆有价值贬损,也只有出卖时才能体现,属于间接损失(预期利益损失)。

第三,确定贬值损失的操作难度大。市面上各种汽车千差万别,事故损害具体情况也各异,准确判定贬值较为困难;有的车辆经过维修,事实上不仅没有贬值,甚至还会"增值",操作中难以把握尺度。

---

① 〔德〕迪特尔·梅迪库斯:《德国债法总论》,杜景林、卢谌译,北京:法律出版社,2004年,第469页。

② 如2006年4月25日、5月10日的《人民法院报》分别发文刊登对《车辆减值损失能否得到赔偿》一文的讨论意见。

第四，执行难度大。支持车辆贬值损失赔偿的后果很可能是"穷车主"为"富车主"的巨额损失买单。在当前贫富差距问题突出的背景下，这种判决很可能刺激大众的敏感神经。即使判决赔偿，法院强制执行成本、难度与压力可想而知。

第五，支持车辆贬值损失赔偿可能造成不良社会后果。公共道路是事故风险高发场域，如果"穷车主"为"富车主"的巨额损失买单，会导致普通车辆上路的风险大增且难以控制。由于人们趋利避害的本能，"穷车主"必然会尽可能在路上加倍注意回避高档豪华车，从而抑制这部分人开车上路的积极性，客观上造成路权不公。

（三）两种观点的局限

尽管正反两方提出了许多理由，但并非每个理由都触及问题的关键与实质。只有把握问题的实质焦点，才能找到解题的正确方向。

第一，法源问题、评估鉴定问题并非真正焦点。法律规定是抽象的，而现实生活是具体而丰富的。一方面，通过民法条文、法理涵摄具体案情，做出判断裁量，永远是民事法官的职责。在推理正确、结论公平的前提下，《民法通则》《侵权责任法》的一般条款都可以成为支持车辆贬值损失的法源。"缺乏法律依据"并非真正的理由。另一方面，确实并非每起交通事故都会发生车辆贬值，贬值是否存在、如何确定数额，对法官、鉴定机构而言是一种考验，但这种难度、复杂度并不值得夸大。诸如建筑工程、财产保险、海损等复杂案件，有关赔偿项的数额评估难度、复杂度丝毫不逊于车辆贬值损失，这种复杂与困难显然不是法院拒绝审判的真正理由。

第二，支持车辆贬值损失的观点，符合民法理论的形式理性。从两种观点和理由的对比来看，正方的民法法理论证已经相当系统、成熟，反方提出的法理反驳，确实较难立足。无论是全面赔偿原则、过错责任原则,还是损害赔偿范围的差额计算方法,都是传统民法领域普遍认可的主流理论。从公认的规则、法理出发进行形式逻辑演绎,得出结论,这种论证过程本身并无明显错误。可以说,支持车辆贬值损失赔偿是反映传统民法理论思想、体现形式理性的产物。

第三,反对车辆贬值损失赔偿的观点,是实践理性的某种体现。法官裁判案件,绝非机械地进行三段论演绎。法院对车辆贬值损失赔偿采取何种对策,仅从抽象的民法理论与规则出发是不够的,必须审慎地预见可能引发的社会效果,权衡各种利益关系。据笔者调查了解,社会效果问题、执行难度问题(实质也是社会效果问题),是持反方观点的法院、法官最看重的理由。虽然"执行难度大,因此不予赔偿"本身在逻辑上站不住脚,但"执行难度大"背后往往暗藏着社会导向取舍与社会效果优劣的问题,绝非一句"加大执行力度"就能够轻易绕开。执行难度,对于一个富于经验、注重实践理性的法官而言,无疑是做出合理裁判的重要参考因素。尽管正方提出,支持车辆贬值损失赔偿有利于树立遵守交通法规的正确导向,符合民法的传统功能。但是,在贫富悬殊加剧的背景下,判令普通车车主对高档车车主承担巨额贬值损失,从人们对法律公正的直观判断标准来看,是极难接受的,在某些极端个案中,甚至不符合起码的社会公正要求①。因此,反方观点的现实合理因素是不可忽视的。

综上可见,维护传统理论规则逻辑的形式理性,与反映社会现实需求的实践理性之间,存在某种冲突,这是车辆贬值损失争议的真正焦点。这暗示我们,原有的传统理论与当前社会现实之

---

① 极端个例,如在双方均存在违法行为、过错责任比例1:1的情况下,一方的贬值赔偿责任直接取决于对方车辆的价值。当高档车与低档车发生事故时,这种赔偿额差距将达到惊人的程度。

间可能存在某种不适应。

（四）根源：传统民法规则在风险社会背景下福利分配的失调

受到经济与科技水平限制，传统社会的风险控制问题并不复杂，一般情况下，行为人的主观过错及其行为具有道义上的可谴责性，这是社会风险的主要来源。与社会伦理道德规则紧密联系的"过错"概念（包括"故意"与"过失"）成为侵权法调控传统社会风险的主要思维工具。然而，当代人类社会已经进入风险社会①，人们通过风险活动迅速积聚财富、获得生活便利，但随之而来的巨大人身和财产损害问题也越来越突出。在此背景下，法律制度必须有所调整，更多地承担起对风险的合理分配与控制职能，这是人类应对风险社会挑战的重要手段。尽管现代侵权责任法上的"过失"概念已经呈现客观化的趋势，尽可能地作为风险分配的工具②出现，但由于社会风险与人类活动已经密不可分，风险与"过失"已经出现了相当程度的分离，大陆法系中"过失"概念的局限性日益凸显，难以正确、全面地反映当代社会生活中的风险制造、利益分享与责任分担的合理关系。为了适应风险社会的挑战，在传统的过错责任原则之外，出现了无过错责任规则、限额赔偿规则等大量新规则。以道路交通为例，结合这个风险场域的特殊规律和要求，世界各国普遍制定了初具规模的责任保险制度和有利于保护弱者的特殊侵权责任规则

---

① "风险社会"是20世纪80年代西方社会学家提出的概念。风险作为当代世界的标志性特征，不仅改变着社会，而且改变着人类的思维和行为方式，甚至从制度和文化上改变了传统社会的运行逻辑。见张成福、谢帆：《风险社会及其有效治理的战略》，《中国人民大学学报》2009年第5期。

② 程啸：《侵权行为法总论》，北京：中国人民大学出版社，2007年，第100页。

体系。这些制度相对合理地分配了机动车、非机动车、行人等不同参与者的利益与风险。

通过这些实践我们发现,在道路交通这个风险场域,侵权责任规则应当更多地考虑风险制造、利益享受与责任分配之间的合理比例关系,而不能机械套用传统民法的一般理论与规则,否则就会出现问题。在我国《道路交通安全法》出台前曾经出现的"撞了白撞"问题,就是机械适用侵权责任一般规则引起的,是最好的例证。这个教训同样适用于车辆贬值损失问题。如果我们仍然机械地套用全面赔偿原则、过错责任原则,以"全赔或不赔主义"来解决车辆贬值损失问题,无视风险社会的特殊规律,那么这种责任的严苛与残酷显而易见,不仅执行难度极大,而且将导致汽车通行风险变得异常巨大而难以控制,也不符合公共道路平等共享、共担风险的基本原理。

综合以上分析,我们可以得出这样的结论:支持车辆贬值损失赔偿,符合传统民法逻辑,也有助于形成遵章守法的正面导向;但如果赔偿数额过巨,就不符合当代风险社会实践理性要求,背离大众的正义观念。权衡两者,唯一的解决方向,就是放弃"全赔或不赔主义",引入限额赔偿规则。

三、车辆贬值损失限额赔偿制的法经济学证成

赔偿限额制度是风险社会的产物,其存在和发展有着深刻的社会现实基础。在社会风险活动造成损害的情形中,如果法律要求责任人承担过高的赔偿责任,一是无助于实现惩戒和预防不法行为的基本目的;二是会形成反向激励,抑制人们从事风险活动,从而妨碍社会福利的最大化;三是会导致利益与责任的倒挂,社会成员享受风险活动带来的便利,却完全不承担风险活动的副作用,并不公正。限额赔偿制的存在,合理地调配了风险活动的实施者与受益者的利益分配,在合理救济受害人利益的同

时，又不至于过度挫伤人们通过风险活动促进社会进步的积极性。因此限额赔偿规则已越来越多地应用于各国法律制度中。据不完全统计，我国《海商法》《民用航空法》《邮政法》、国务院《铁路交通事故应急救援和调查处理条例》《关于核事故损害赔偿责任问题的批复》等法律文件已建立了十余种具体的赔偿限额规则。从国外的法律实践看，限额赔偿规则也不在少数，如德国《道路交通安全法》就确定了交通事故的限额赔偿制度①。车辆贬值损失是道路交通风险的副产品，对其采取限额赔偿规则，合理平衡权利救济与风险控制的关系，具有理论和现实的合理性。

（一）有限制地赔偿车辆贬值损失，符合因果关系与损害理论

从英美侵权法因果关系理论来看，侵权行为与损害结果之间的因果关系可分为两个层面：事实因果关系和法律因果关系（或称近因）。法律因果关系概念的主要目的，在于避免加害人因社会生活因果关系链条的无限延伸而承担过重的责任，必须做出适当的政策性判断②。在机动车事故中，车辆贬值损失客观上由驾驶者的过错行为引起，但这不等于因果关系的自然成立。高档豪华车的消费因素，事实上也是车辆贬值损失额扩大的原因。随着损失数额的增大，车辆贬值损失与过失行为之间的因果关系，有渐远的趋势。因此两者之间是否存在近因，在何种程度上存在近因，都需要政策层面的审慎考量。

从损害理论上看，有无形损害（间接损害）与有形损害

---

① 杨立新：《中华人民共和国侵权责任法草案建议稿及说明》，北京：法律出版社，2007年，第392页。

② 德国民法理论也有相应的区分，称为"责任成立的因果关系"与"责任范围的因果关系"。〔德〕迪特尔·梅迪库斯：《德国债法总论》，杜景林、卢谌译，北京：法律出版社，2004年，第263、265页。

（直接损害）的相对区分①。有形损害即对人身权益或财产权益本身所造成的损害。无形损害包括"附带经济损失"和"纯粹经济损失"，前者是指有形损害发生之后，侵害行为持续作用于受害人财产所产生的损害；后者是指独立于人身权益或财产权益被侵害而产生的财产上的损失。在机动车交通事故中，车辆的维修费用应属有形损害范畴，而车辆的贬值损失是事故造成有形损害之后，持续作用于车辆所造成的损害，应属附带经济损失。有形损害、附带经济损失、纯粹经济损失与侵权行为之间的因果关系由近及远，三者的可赔偿性也由宽至严。其中，附带经济损失应当赔偿，但存在限制。

综上可见，对车辆贬值损失采取政策性的赔偿限制，有民法理论上的空间。但是，是否设置、如何设置这种政策性限制，民法理论本身难以提供现成答案，还需要下面的进一步分析。

（二）限额赔偿车辆贬值损失，符合风险社会"风险——收益"的对等分配法则

公共道路本身具有公共性和高风险特性，每个车主既是风险的制造者，又是交通便利的受益者，同时也是不利风险的承受者。当然，车主是否遵章守纪，是决定事故损害风险的一个重要因素。当公共道路上的车辆价值基本相等时，每个车主从公共道路上享受的利益基本相同，对他人车辆造成贬值的损害风险也基本相同。在这种假设前提下，车辆贬值损失的风险主要来源于过错方的违法驾驶行为。由于所有车辆价值基本相同，因此车辆贬值损失都控制在特定值 $\bar{c}$ 以内。但是，在汽车价值悬殊的情形下则有所区别。消费高档豪华车，虽然并无道义上的可谴责性，也无法理上的过错可言，但这些车辆一旦驶入公共道路这一风险场

---

① 这里的"直接损害""间接损害"的划分不同于"直接损失"与"间接损失"（预期利益损失）的划分。

域，其车主在从公共领域享受高于一般车辆使用利益的同时，也会明显扩大财产损失的风险，必将打破原有的"风险—收益"平衡格局。在此种情形下，高档汽车巨额贬值损失的风险来源，就不仅仅由违法驾驶（过失）行为一个因素构成。超过原有值$\bar{c}$的部分风险，恰恰来源于高档汽车进入公共道路的消费行为。

可见，车辆贬值损失风险并不必然全部来源于过失一方的违法驾驶行为。在高档车辆与普通车辆发生事故的情况下，高档车一方从公共道路享受了更多利益，同时带来了较大的损失风险。这部分超额损失风险理应由其自行承担，这是风险社会"风险—收益"对等分配法则的应然体现，相应的赔偿规则也应当充分反映这一分配法则。因此，过失侵权人所承担的车辆贬值损失，应采取限额赔偿规则。而划分车辆贬值损失风险来源构成的阈值$\bar{c}$，就是赔偿数额上限。

（三）车辆贬值损失责任保险须以限额赔偿规则为支撑

有论者呼吁，车辆贬值损失应当通过责任保险制度加以解决，将损失风险予以分散[①]。该观点值得赞成。但是，如果没有限额赔偿规则作为基础，相关的责任保险产品也难以发展。

第一，如果没有限额赔偿规则支撑，保险的收益与风险将出现倒挂。责任保险虽然可以分散车辆贬值赔偿风险，但其保险赔偿金来源于全体车主（潜在侵权人）缴纳的保险费。如前所述，巨额车辆贬值损失的风险源既包括侵权人，也包括受害者（高档车车主）。如果没有限额赔偿规则将侵权人制造的风险有效析出，那么这种责任保险实质上只是将高档汽车的巨额贬值损失风险转嫁给全体车主。这种倒挂必将不合理地加重投保人的保费负担，

[①] 石莉姝：《机动车辆贬值损失催生"机动车辆保值险"》，《中国保险》2007年第11期。

抑制投保积极性，使保险产品难以为继。

第二，如果没有限额赔偿规则支撑，赔偿风险难以控制，很难发展出稳定成熟的保险产品。任何一种保险产品，其承保的风险范围理论上都必须是可控制、可计算的，这是保险产品可持续盈利，保险企业可持续发展的基本保障。车辆贬值损失风险往往与高档豪华车使用频率，富裕阶层对汽车的个人偏好，在高档汽车上的资金花费等微观因素有很大关系，难以准确把握和评估。如果缺乏限额赔偿制度作支撑，准确计算和控制这种风险的难度极大。因此保险企业一般不会轻易开发这种保险产品，或者为规避风险而采取高保费策略，抑制投保积极性，使之难以普及。

（四）限额赔偿车辆贬值损失，能够实现民法的价值均衡

从我国目前社会现状来看，车辆贬值损失无论是不予赔偿，还是无限全额赔偿，都无助于实现民法的价值均衡，社会效果不佳。一方面，目前我国道路交通事故频发，机动车驾驶人依法文明驾驶的意识较差是重要的原因。如果车辆贬值损失一律不赔，那么遵章守纪的驾驶者将自行承受不法行为带来的损害，不符合民法对权利救济的基本要求，也不利于遏制违法行为。另一方面，当前社会贫富悬殊问题比较突出，人们对高档车车主飙车、炫富等行为本已十分反感。如果再将高档车在公共道路上使用的风险转嫁给普通人，那么社会参与公共道路交通的经济风险会大增，将不合理地限制个人的自由活动空间，还将产生"劫贫济富"、路权不公等连锁反应。在我国尚未建立个人破产制度、社会保障安全网不够健全的情形下，极易激化社会矛盾，损害法律权威。

综合来看，车辆贬值损失限额赔偿规则是两者之间较为理想的平衡，兼顾民法所保护的两种社会价值。既可以体现侵权责任法对道路交通违法行为的惩戒功能，合理补偿受害人的财产损

失,同时又避免侵权人承担过高的赔偿责任,合理控制普通机动车驾驶者正常上路驾驶的经济风险。此外,这一规则也可适度抑制富裕阶层将价值过高的车辆驶入公共道路的欲望,在一定程度上缓和因豪华车辆进入公共视野引起的各种不良社会心理。

四、车辆贬值损失限额赔偿司法规则的具体设计和应用

(一) 基本思路和操作依据

限额赔偿是对侵权人责任的一种限制,可能会对受害人合法权益产生较大影响,因此必须十分谨慎,防止其滥用。车辆贬值损失的限额赔偿规则,不能通过放任各地法院以自行裁量的方式建立,而应当以个别化的特别条款加以确定。对《侵权责任法》《道路交通安全法》的相关条文进行修改,对机动车交通事故财产损害的赔偿范围做出专门规定,是建立车辆贬值损失限额赔偿规则的直接手段。

如果《侵权责任法》《道路交通安全法》短期内不能修改,最高人民法院出台相应司法解释也是另一种行之有效的方式,但应当注意这一司法解释出台的法理依据。《侵权责任法》第9章第77条明确规定,法律有权规定高度危险责任(无过错责任)的赔偿限额。由于司法解释不是法律,且机动车交通事故损害赔偿也不属于该章规定的高度危险责任。因此,车辆贬值损失限额赔偿解释出台的依据,不是高度危险责任限额规则,而只能是一般侵权责任规则以及因果关系与损害理论。如前所述,车辆贬值损失属于事故间接损害,因果关系相对较远,在数额认定上可以采取政策性限制。最高人民法院有权根据民法公平原则,结合司法实践,对这种损失的数额计算做出合理的政策性限定,以防止因果关系链条的认定过于宽泛而导致当事人权利与义务、收益与风险过度失衡。

(二) 车辆贬值损失限额赔偿的操作方法与限额计算

关于限额赔偿的操作方法，可有两种模式，一种是以侵权人为基准，限定每一侵权人的赔偿责任；另一种是以受损车辆为基准，限定每台受损车辆的贬值损失数额。笔者认为，后一种模式较为合理。对于一个侵权人造成多个车辆受损的情况，前一种模式较难操作。以受损车辆为基准计算赔偿限额，更好地体现了车辆贬值损失赔偿的财产救济特征，并且在一个侵权人造成多车受损的案件当中，便于确定赔偿额。在多人造成多车受损的情形中，只需根据多个侵权人的过错原因力大小来划分具体赔偿数额。

关于车辆贬值损失赔偿限额的确定，实质是要将侵权人制造的风险有效析出。其具体计算方法是：以公共道路上中等价格车辆（设价格为$\overline{V}$）为基准，乘以其可能的最大贬值率α[1]。即：

$$\overline{c} = \overline{V} \cdot \alpha$$

由于准确的结果需要精确统计数据为前提，笔者在此仅作粗略估算。据观察，私人和公务使用的中等偏上级别的轿车价格约在 18 万元左右，假设该车发生严重事故，经修理之后大大贬值，贬值率为 33.3%（已经属很高的贬值率，在此可作为粗略估算的基准，前文所举真实案例贬值率约 20%）。由此粗略估算，每台事故车辆贬值损失上限可确定为 6 万元。该金额大体相当于一辆低档汽车的整车价值，一般也不超过拥有汽车的普通家庭的年收入，既可以起到侵权责任法的惩戒目的，也不至于使有过失的车主因赔偿车辆贬值损失而倾家荡产，较为

---

[1] 贬值损失通常与事故严重程度正相关，即与车辆合理维修费用呈正相关。同时，汽车合理维修费用与贬值损失之和不得超过汽车本身的实际价值。受该约束条件限制，车辆贬值率必然存在最大值。

适中。

(三) 限额赔偿应明确排除故意侵权行为

一般认为,限额赔偿规则主要适用于无过错责任。本节认为因过错引起的车辆贬值损失,由于也包含了不可回避的社会风险因素,也应当适用限额赔偿制。但是,此种限制规则应仅限于过失,不适用于故意。侵权人故意造成他人车辆财产损失的,属于其自身的道德风险所致,没有必要通过限额赔偿制进行利益平衡和保护,应全额赔偿。这里的故意是指对造成他人车辆财产损失的主观故意,而非对违反道路交通法规的主观故意。违反道路交通法规虽是故意,但对损害的发生也可能是过失。

第二节 情谊行为理论的民法与法经济学研究

一、引题:有关婚内协议的司法规则分歧

(一) "空床费协议"纠纷

熊某与刘某为夫妻。因熊某应酬多,经常零点后回家甚至夜不归宿。故夫妻一纸协议约定:如熊某未经同意夜不归宿,每次须向刘某交500元罚款(即"空床费");如零点后回家,每迟半小时罚100元。后熊某累计欠罚款178900元,熊某拒绝交纳。刘某以熊某违约,诉至法院要求给付。

(二) "忠诚协议"纠纷

唐某与方某为夫妻。由于唐某(夫)工作比较忙,在外应

酬多，方某（妻）担心唐某在外面会有越轨行为，于是要求与唐某签订一份"婚内忠诚协议"，要求唐某对自己忠心不贰。唐某认为这对于妻子也是一种承诺，于是同意了，双方约定的违约金为人民币55万元。后唐某去美国进修，与华裔英文辅导老师赵某产生感情并发生不正当关系。于是方某拿出了当初签订的"忠诚协议"，要求唐某依约定支付违约金55万元，遭到拒绝后，方某到法院起诉要求支付。

分析以上约定所产生的纠纷，涉及国民法理论与实践上的概念：情谊行为。

二、情谊行为是什么

情谊行为（Gefälligkeit）是德国民法判例与学说上的概念，主要是指法律层面之外的，不产生法律强制执行力的社会层面的行为。换句话说，情谊行为是指当事人之间并不在于创设法律权利义务，而是以增进感情为目的，因此其行为的约束不是靠法律约束而是只靠当事人自觉的一种行为。[1] 该词目前有多种译法，"情谊行为"是邵建东教授在其译著《德国民法总论》中的译法[2]，而陈界融教授则将其译为"施惠行为"[3]。我国台湾学者把该行为产生的情谊行为关系（Gefälligkeitsverhältnis）称为"施惠关系"或者"好意施惠关系"[4]。笔者认为，情谊行为的译法相

---

[1] 李凤章、吴民许、白哲：《民法总论——原理·规则·案例》，北京：清华大学出版社，2006年，第159页。

[2] 〔德〕迪特尔·梅迪库斯：《德国民法总论》，邵建东译，北京：法律出版社，2001年，第148页。

[3] 陈界融：《中国民法学·债法学源论》，北京：人民法院出版社，2006年，第9页。

[4] 王泽鉴：《债法原理》（一），北京：中国政法大学出版社，2001年，第202页。

对更为合理,理由将在下文阐述。情谊行为是一种与民事法律行为颇为相似,实质上却不是民事法律行为的概念。对情谊行为理论的阐释应当从它与民事法律行为的分析比较出发。

我国《民法通则》中的"民事法律行为"概念来源于德国民法典的"法律行为"(Rechtsgeschäft)①。该学说是在总结了契约行为、婚姻缔结行为、遗嘱订立行为等民事活动共同特征的基础上,所创造出的高度抽象的概念,是这一系列民事活动的"公因式",是民法上的"人"实现意思自治的总枢纽,是西方传统意志哲学在民法学领域的重要成果之一。法律行为以意思表示②为要素,意思表示的目的就是实现与其内容一致的法律效果。具有法律行为能力即具有独立进行意思表示的能力,代表民事主体有着能够以自己的意志参与民事活动的理性。而意思表示是指当事人设立一定法律关系的主观想法的外在表达或宣示。意思表示的构造,包括客观要件与主观要件。客观要件,即表示行为,主观要件包括行为意思、表示意思、效果意思③。从语义上看,法律行为实际上是法律上的"交易"(geschäft),而效果意思

---

① 我国《民法通则》中"民事法律行为"是不完全接受"法律行为"概念的结果。"民事法律行为""民事行为"的概念与"法律行为"相近但均不同一。有学者认为"民事法律行为"的提法是理论继受过程中发生的谬误,即认为这个概念的移译存在错误。尤其是易与法理学上的法律行为(Rechtshandlung)相混淆,应直译为"法律交易"。笔者"法律行为""法律交易"的译法都不够精准,而后者易引起误解,因此仍继续使用传统的"法律行为"译法。

② "意思表示"(Willenserklärung)的直译实际上叫"意志表示",本质是主体通过自己自由意志实现私法自治,与传统意志哲学有着紧密的联系。参见〔德〕罗尔夫·克尼佩尔:《法律与历史——论德国民法典的形成与变迁》,朱岩译,北京:法律出版社,2003年,第46页。

③ 米健:《意思表示分析》,《法以载道——比较法与民商法文汇》,北京:商务印书馆,2006年,第546-549页。

(Geschäftswille)中的"geschäft"因素恰恰说明"效果"是成立法律行为的关键。所谓效果意思,是当事人主观上为了获得一定私法效果的意思,它又叫法效意思、后果意思或基础意思。当事人进行意思表示,并非简单地表达思想或者意愿,而是意图产生明确的私法效果。在欠缺效果意思要素的情况下,就不是完整的意思表示,从而影响法律行为的成立。虽然学者认为,欠缺效果意思,仍可能成立意思表示[①],但是,这是为了保护善意相对人的合理信赖而为之。然而,在没有相对人信赖利益保护的必要,表示行为不具备社会公认的效果之情况下,为了尊重意志自由,欠缺效果意思不应当构成意思表示,不成立法律行为。

类似家庭、夫妻、恋人、私人社交关系等特殊人际关系,不同于一般市民社会关系,出于私人情谊等原因,表面上似乎进行了意思表示甚至"合意",但根据普遍的伦理规则以及生活经验、常识,并非意图产生什么法律效果,也根本没有受法律约束的意思。如果法律强制介入其中,则私人情谊荡然无存,违背当事人行为的初衷。例如友人之间的"君子协定",任何正常人对此"协议"进行判断,都不认为将产生法律约束力和执行力。而如家庭协议、社交性约定等行为,无明确设立法律关系的意图,欠缺效果意思,不成立法律行为[②],不直接产生私法效果。这些行为,就是"情谊行为"。

区分情谊行为与法律行为的标准,是当事人有无效果意思。是否欠缺效果意思,应当有一定的判断标准。如果双方的表示行为明确将民法的强制约束力、执行力排除在外,而靠私人之间的

---

① 〔日〕山本敬三:《民法讲义Ⅰ·总则》,解亘译,北京:北京大学出版社,2004年,第88页。

② 董安生:《民事法律行为》,北京:中国人民大学出版社,2002年,第138页。

道义、信赖关系进行约束，那就属于典型的情谊行为，这一点并无多大争议。但是，在双方并无明确的排除法律强制约束的情形下，则判定有无效果意思存在着一定的难度。此时，法官应当根据社会普遍的伦理观念、公认的社会公德、生活经验、社会常识等标准来判断，同时要考虑法律介入调整是否会破坏同类的社会关系的正常状态，是否有损亲属关系、恋爱关系、私人社交关系的和谐互信以及人的基本自由和尊严。德国判例法掌握的标准是"考虑到双方当事人的状态，依诚实信用原则，并顾及交易习俗"。而梅迪库斯教授认为该标准是否存在"风险"以及"能否苛求当事人对这种风险承担责任"，都存在问题①。

情谊行为不产生意定的私法关系，而产生的是情谊行为关系。它应当由当事人伦理道德、社交习惯等社会规范调整。对于类似亲朋好友之间的君子协议、无对价的口头社交承诺，夫妻、情侣之间以情感为内容的"协议"，主要依赖当事人以道德、友情、亲情、爱情为后盾自觉履行，如果不自觉，那么赋予这种"合意"以法律拘束力、执行力，实属小题大做，违背双方的本来意愿，且对于保持宽松和谐的社交关系十分不利，甚至使友情、亲情、爱情变质为赤裸裸的市场交易关系（而且往往是非等价、非有偿的市场交易关系）。尤其是涉及最为隐秘的性自由、私人情感等领域，甚至是不容许当事人约定的。情谊行为是对法律行为的界限划定，这种界限如一堵墙，把不能、不该由民法调整的社会关系排除出去，避免民法对家庭、夫妻、恋人、私人社交关系进行过度、机械、粗暴的干预。有的文献将情谊行为归入"准法律行为"和"事实行为"来进行解释。但是，既然情谊行为不直接产生私法效果，而准法律行为、事实行为都是直接产生

---

① 〔德〕迪特尔·梅迪库斯：《德国民法总论》，邵建东译，北京：法律出版社，2001年，第153－155页。

私法效果的行为。如将情谊行为归入准法律行为、事实行为，其概念之间的内涵明显矛盾，不能成立。还有观点认为，"情谊行为"存在"意思表示"，于是将其定位于"法律行为"①。根据以上的分析，此观点显然不妥。"情谊行为"概念的提出本身就是为了解释"法律行为"以外的现象而出现的。"情谊行为"不存在效果意思，无合格"意思表示"存在，不是法律行为，是游离于法律调整以外的现象。如将情谊行为归入法律行为，这个概念也就毫无价值了。

总而言之，情谊行为是一种具有类似民事法律行为的外形，但不直接产生私法效果，游离于法律强制力调整范围以外，主要由伦理道德、社交习惯等非法律规范调整的行为。这种行为时常表现为单方承担道义义务的行为。从语义上分析，Gefällig 这个词有"乐于助人的""有帮助"的含义。而德国民法规定，未经过公证的非正式赠予实质上也是情谊行为②。因此，才有"施惠行为""好意施惠关系""施惠关系"的译法。但是，这种翻译会使人误以为情谊行为仅仅包括单方行为。实际上，不仅有单方施惠的情谊行为，还有君子协定等双方、多方参加的行为也属于此类。所以，"情谊行为"的译法相对更合适，有利于减少误解和认知上的混乱。

---

① 王伟：《论"情谊行为"的法律定位——以建构解决纠纷机制为目的》，《山东理工大学学报（社会科学版）》2005年第3期，第52页。

② 《德国民法典》第516条第一款规定，未经公证的赠予，不产生受赠人对赠予人的请求权，即对赠予人不产生法律拘束力。实际上这就属于情谊行为的一种。参见陈卫佐：《德国民法典》，北京：法律出版社，2006年，第161页。这种规定与我国《合同法》的规定有所不同。我国《合同法》规定非正式的赠予合同，在实际履行前，赠予人可以任意撤销。两者虽然实际效果差距不大，但德国民法的规定更合逻辑一些。

三、情谊行为理论的民法解释

（一）意思自治的限制

古罗马法笃信契约自由与契约神圣精神，于是有"契约是当事人之间的法"的谚语。将契约自由抽象为"意思自治"的是德国民法典。德国民法典的哲学基础是康德的伦理学人格主义①。康德哲学认为，因人有理性，他本身便是目的，而不是手段。人有理性、有尊严因而有自由意志。意思自治，其实为意志自治，即通过人的自由意志变动法律关系，产生法律效果并自担后果。通过法律行为、意思表示这组概念，"契约自由"的基本原则被抽象上升到了一个更高的层次。

但是，意思自治并非没有限制。我们已经熟知的对意思自治的限制已经很多。正如我们对自由的最简单理解——能够在法律允许的范围内做任何事，国家、集体、第三人的合法权益、社会公德、国家强行法构成了对意思自治的限制；欺诈、胁迫、乘人之危等意思表示瑕疵也构成了对它的限制。我们暂且称这些限制为"横向限制"。法律运用其强制力介入了个人意志，给予它们否定的评价。使得个人意志所期待之法律效果不能完满实现。比如，因恶意串通损害第三人利益的合同，法律否认其效力，根据该无效合同而进行的给付，属于给付型不当得利，已给付的当事人可以请求返还。

而情谊行为构成了另一种对意思自治的限制，我们不妨将其称之为"纵向限制"。即禁止通过个人意志将法律强制力引入，即使行为成立，不构成法律行为。法律不评价：既不反对，也不保护。这是因为，在纷繁复杂的社会关系中，并非任何领域都是

---

① 〔德〕卡尔·拉伦茨：《德国民法通论》，王晓晔等译，北京：法律出版社，2003年，第4页以下。

可以通过自由意志来实现法律约束的。早在一百多年前,学说汇纂派就指出:"家庭被打上了伦理法的烙印,意志与法律拟制被抽取掉了。"① 这种限制,意在使法律保持应有的无为状态,对其行为既不做有效判断也不做无效判断。在本节开头所提到的"空床费协议""夫妻忠诚协议",都是以夫妻情感、夫妻私生活为内容的协议,是私法自治不适宜也不允许调整的范畴。如果当事人以"空床费协议""夫妻忠诚协议"为理由要求支付赔偿,法律一般不应该赋予这笔"违约金"的给付执行力;如果当事人自愿根据这些协议给付"空床费""忠诚违约金",法律也不应反对,已给付的一方也不得以不当得利为由请求返还②。

（二）价值冲突的权衡

从价值论法学的角度看,情谊行为是法律的秩序价值与自由价值冲突与衡平的结果。

自由代表了人性最本质的需要。西塞罗曾说:"为了获得自由,我才作为法律的奴仆。"自由价值无疑是法律必须保障和实现的价值。而君子"一言既出,驷马难追",是关于诚实信用的古老格言。民法应当贯彻诚实信用原则,维护市民社会民事活动的秩序价值,给予参与民事活动的人以交易安全保障,保护当事人对他人基于善意的信赖。可见,自由价值、秩序价值都是民法必须实现的价值,但在某些情况下,秩序价值与自由价值存在冲突。

例如,对意思表示的解释,理论上有意思主义和表示主义两种相互对立的学说,即代表了自由价值与秩序价值的冲突。为了

---

① 〔德〕罗尔夫·克尼佩尔:《法律与历史——论德国民法典的形成与变迁》,朱岩译,北京:法律出版社,2003年,第46页。
② 李海昕:《夫妻"空床费"简析——民法法理与法的功能》,《四川教育学院学报》2007年第3期,第55页。

保障交易的安全与当事人的信赖利益，避免自由意志的滥用，民法理论和实践通常对意思表示的解释采取以表示主义为主，兼顾意思主义的做法。根据价值冲突的比例原则与尽可能微小损害原则①的衡平比较，自由价值通常应适当让位于秩序价值，否则自由的滥用必然造成较大的危害。但是，相对人信赖利益、私人交往秩序，按通常社会观念衡量，尚未达到必须由法律介入保护的程度时，就应当更多地考虑自由价值，这就是情谊行为活跃的空间。我们可举如下案例以予以说明：

> 甲、乙在火车上相识，甲怕自己到站时未醒，请求乙在A站唤醒自己下车，乙欣然同意。火车到达A站时，甲沉睡，乙也未醒。甲未能在A站及时下车，为此支出了额外费用。甲要求乙赔偿损失。②

此例中的约定即为一种典型的情谊行为。虽然双方有约定，但乙绝对没有为自己设定法律义务的意思表示，纵使乙失约，按照常理，也明显没有达到由法律介入加以谴责、制裁的地步。甲的这种利益得失更多地应由其自己承担，如果以委托合同的违约责任追究乙，则显得法律过于严厉、粗暴，也不公平。相比之下，乙不言自明的对自由、宽松的私人社交空间的预期更应得到尊重。经过衡平，秩序价值明显应当让位于自由价值。情谊行为的出现，是经过权衡以后对"消极自由"优先

---

① 〔德〕卡尔·拉伦茨：《法学方法论》，北京：商务印书馆，2001年，第285页。

② 该例为2005年国家司法考试的一道题目。通过对答题者的作答分析发现，经过法律知识学习，已形成固定法律思维的人大多机械套用民法规则，结果回答错误，而以平常人思维来思考的人却大多回答正确。这种现象值得法律人尤其是法官群体深思，防止只顾机械理解法条和法律理论，不顾社会效果的机械司法。

保护的结果。

四、法律调控的成本控制：情谊行为理论的法经济学解释

道德义务与法律义务，存在质的差别，前者没有正式的国家机关来强制保证实施，而靠社会舆论及精神利益为调整手段；前者不仅调整人的行为，还调整人的思想、信仰，而后者只调整人的行为。从法哲学的角度看，虽然法律与道德调整的部分领域是重叠的，部分法律规范和道德规范在义务内容上是相同或者相似的，但它们属于不同的规范命令系统，并没有必然的包容关系。道德调整的某些领域是位于法律管辖之外的，法律调整的很多范围在很大程度上也不受道德判断的影响。道德的目的，就是要通过消除两败俱伤的斗争以及社会生活中其他潜在的分裂力量而加强社会和谐[1]。应当停留在道德层面上的行为，就理应使其维持在道德层面上，不可随意地转移到法律层面上来处理和解决，法律的介入反而会产生意想不到的社会后果。从制度经济学的观点看，制度可分为正式的制度与非正式的制度，内在制度与外在制度[2]。可见，法律与道德是两种并存的社会控制规则，两者虽然有许多共同之处，但在内容、范围、机制等诸多方面存在重大差异。从经济学理论观点来分析，两者的差异之一在于两种规则的运行或者调控的成本存在较大差异。通常而言，道德依靠社会风气、舆论评价以及人们的内心信念等较为间接的非物质、非暴力手段进行调控，其运作和调控成本相对较低，效率较高。在微观领域，道德规则的调控对象主要是利益争议范围较小的事项。

---

[1] 〔美〕博登海默：《法理学——法律哲学与法律方法》，邓正来译，北京：中国政法大学出版社，2000年，第371页。

[2] 〔德〕柯武刚、史漫飞：《制度经济学》，韩朝华译，北京：商务印书馆，2003年，第119页。

但这类事项在人类社会实践中数量众多，因此道德规则调控所带来的社会福利，积累起来亦十分可观。而法律规则则恰好相反，法律规则主要依靠国家强制力作为主要调控手段，尤其是需要依靠警察、法庭、监狱等暴力机器维持其威慑力，这就决定了对于微观上的单一事项而言，法律规则的调控成本大大高于道德规则。

那么，对于人类社会而言，如何决定某一事项是以道德规则进行调控，还是以法律规则进行调控？显然，西方法经济学的"成本—收益"分析方法是我们值得借鉴的重要工具。换言之，如果对某一事项动用法律规则进行调控，引入法庭、警察等暴力机器进行干预、管制、矫正，带来的社会效益较大，而支出的社会成本较小，那么这一事项就适于运用法律进行调整；反之，则适用道德等非正式社会规则进行调整。具体到情谊行为调整的对象而言，如果家庭关系、性爱关系、朋友社交关系等主要靠非正式制度调整的社会关系一律用正式的法律规范来调整，这明显背离社会常识，更严重的是会使社会关系僵化、变质。特别是夫妻、朋友之间的私密关系，也引入国家强制执行力保障实施的法律来进行干预，不仅带来的收益极低，甚至出现负收益（私密关系僵化变质），并且由于人们的理性选择行为，夫妻、爱人之间的同居关系、私人社交关系、友人关系，事实上民法以及一般法律不宜过多干预，也规制不了[①]。民事法律在实践中的实施，往往是以民事司法审判作为最后保障的，如果动用民事司法机器对上述私人关系进行调整，消耗的成本过高，带来的效益极低，从法经济学的角度分析，显然是不可行的。这就是情谊行为理论的法经济学意义。

---

① 〔日〕星野英一：《民法劝学》，张立艳译，北京：北京大学出版社，2007年，第117、121页。

五、建议：谨慎处理婚内协议

夫妻关系绝对不同于市场合同交易关系，带有极强的伦理性。因此，即使是在诞生了意思自治原则的大陆法系国家，也严格限制意思自治原则在婚姻、家庭、性生活领域内的适用范围。正因为此，才会在民法判例和学说中产生法律行为与情谊行为的区分。在著名的"约定服用避孕药案"中，德国法院认为，关于服用避孕药的约定触及个人私密自由的范围，并不是法律行为所能够规范的①。即使是在英美法系国家，也有类似的规定。英美契约法"推定"家庭间与社交合意（domestic and social agreement）不具有意图在法律上产生效力及约束力的目的②。可见，法律应当把一定的空间让位于其他社会规则，特别是在家庭、夫妻、社交关系等领域，避免这些领域被过度地法律化、功利化。在这一点上，两大法系有异曲同工之妙。其实，早在两千多年前，罗马法就规定：夫妻间的赠予没有法律效力。法学家乌尔比安解释说："这一规定的目的在于使他们的婚姻是基于彼此之间的爱情，并使一方的财产不因赠予给对方而损失。"③ 在相

---

① "约定服用避孕药案"基本案情：某男女未婚同居，双方约定，女方必须按时服用避孕药，避免怀孕。后女方违反约定导致怀孕并分娩。男方不得不承担抚养费，于是起诉女方因违约而造成的抚养费支出损失。参见王泽鉴：《债法原理》（一），北京：中国政法大学出版社，2001年，第205页。

② 在英国的一个案例中，夫妻曾达成了由丈夫每月支付30英镑生活费给妻子的协议，后双方分居，妻子便起诉要求丈夫按约定支付生活费。英国法院认为，妻子的要求不能成立，因为协议达成之时，双方并无产生法律关系的意愿。参见杨桢：《英美契约法》，北京：北京大学出版社，2003年，第3-4页。

③ 〔意〕桑德罗·斯契巴尼选编：《罗马法民法大全翻译系列——婚姻·家庭和遗产继承》，费安玲译，北京：中国政法大学出版社，2001年，第57页。

似的问题上,不同法系、不同国家、不同时代的法律,却殊途同归,这不能不引起我们的重视和深思!

《婚姻法》第19条第1款规定:"夫妻可以约定婚姻关系存续期间所得的财产以及婚前财产归各自所有、共同所有或部分各自所有、部分共同所有。"因此,有的观点认为这是民事审判承认婚内协议效力的法律依据,因此"空床费协议""忠诚协议"等类似协议的效力都应当被承认。其实不然,《婚姻法》的上述规定是关于夫妻约定财产制的规定。夫妻之间通过书面协议,对婚内各种财产的归属进行明确的权属划分,这是一种合法有效、法律效果意思清楚的"处分行为",应当视作民事法律行为。而以夫妻忠诚、夫妻同居等为条件或内容,进行一定财产给付的约定,如果按照某些观点,被视作合法有效的民事法律行为,则属于"负担行为",明显不同于《婚姻法》第19条规定的关于夫妻财产处分的约定行为。

有的法官认为,把夫妻忠诚协议定性为民事法律行为,不仅无损于社会公德,而且还有助于社会公德[1]。甚至有法官认为,感情没有了,婚姻解体了,可以用"婚姻契约"使夫妻中的某一方在经济上得到"保障"[2]。对此笔者不敢苟同,因为这些观点没有真正了解这些"协议"为什么会出现,不理解这些协议出现的背景,也就不可能探清当事人的真实意思。夫妻之间之所以会出现诸如"空床费协议""忠诚协议"等类似协议,是因为夫妻之间出现了一定的感情问题,于是一方希望借助"有偿契约"(甚至开出天价违约金)的形式"拴"住对方,维护婚姻的

---

[1] 梁慧星:《生活在民法中》,北京:法律出版社,2007年,第250页。

[2] 吴晓芳:《关于婚姻契约问题的思考——兼与陈甦研究员商榷》,《人民法院报》2007年2月8日,第5版。

第二章 民事司法与经济研究方法

存续和稳定,另一方也不希望夫妻关系发生破裂(因为明确拒绝对方签订忠诚协议的要求意味着双方信赖关系很可能立即终结),所以也同意签订所谓忠诚协议。双方的真实目的是希望通过一定的形式确保婚姻关系的正常存续。其实这只不过是一种美好的宣示和愿望,因为正常、稳定的夫妻关系是双方相互信任、相互谅解,并共同努力维系的结果,绝对不是高额的"违约金"所能够担保的。夫妻关系的不稳定乃至破裂,通常与双方的性格、修养、兴趣爱好、相互了解程度、日常生活的处理、情感表达方式、对对方的理解与容忍程度、情绪的控制等众多因素有关,甚至与双方所处的工作、生活环境也有一定关系。除了《婚姻法》第46条所规定的重婚、有配偶与他人同居、家庭暴力、虐待遗弃家庭成员而导致离婚的过错情形之外,导致夫妻感情难以维系甚至破裂的其他行为,并不具有法律上的可谴责性,顶多具有道义上的可谴责性。综合这些协议订立的背景,完全可以得出这样的结论:这些协议是双方为了维护夫妻相互信任、相互忠诚、正常生活的理想做出的道义性宣示,是一种情谊行为,而绝非以不满足同居生活、感情状态持续为条件的财产给付合同。这些领域并不是"意思自治"所能够介入的范畴。就如同恋人之间浪漫的海誓山盟般的约定,不可能改变法律上的结婚、离婚自由一样,以高额的违约金来维持的夫妻关系是靠不住的,只会适得其反,让夫妻正常的情感关系沦为合同交易的筹码。从此,夫妻之间一方或者双方不会再努力以相互信任、相互包容、相互体谅作为维系正常关系的基础,而简单庸俗地代之以"空床费协议""忠诚协议"来作为一份"财产保险",因为"反正婚姻幸福不成我还能得到一份可观的'保险赔付',可以'旱涝保收'"。这样一来,婚姻关系就彻底同化为以青春、性行为为交换条件的合同交易关系,一切基于爱情、亲情、相互谅解、容忍的和谐的夫妻关系将逐渐被我们的司法审判所淘汰,沦为虚无,后果极为严重。

遗憾的是，部分学者和法官仍然不问当事人之间的特殊人际关系背景，不探究当事人真实的意思，不问"意思自治"的历史源流与适用范围，对这些协议采取了机械而放任其滥用的态度。最近，最高人民法院相关的司法解释（征求意见稿）也持相同的观点，认为夫妻忠诚协议是"自愿"签订且不违反法律、法规的禁止性规定的，属有效的民事法律行为，应当支持。或者认为，对协议约定的赔偿数额过高的，当事人可以请求人民法院予以适当减少。这些观点都承认了夫妻"忠诚协议"的民事法律行为性质，是对契约观念的严重误用，已经远远背离了契约自由、意思自治的适用范围和其本来意义，将市场法律规则滥用到了婚姻家庭法律领域，将夫妻是否忠诚作为合同交易的筹码，夫妻感情可以讨价还价。这种借助特殊人际关系借机"捞一把"，或者婚姻不幸动辄就用金钱加以救济的心态如果继续影响司法实践，让其放任自流，是极其有害的。

民法不能简单庸俗地理解为"市场法"，不能把民法规则简单粗暴地解释为市场交易规则。法官把持着正义的最后防线，法官的裁判应当承载社会的道义性诉求，其中就包括了对特定时空下一般常识、常理、常情的尊重。从法官的思维方式来看，应当实现逻辑与经验的相互融合[①]。法治国家并不等于"法律万能"，法律应当"有所为，有所不为"。情谊行为理论就是对这种现实要求的回应，它是对理论传统法律行为概念的进一步界定和阐释。因此，法官必须对法律强制力的调整范围和力度有着适度的把握，对情谊行为和民事法律行为做出精准的判断。民事法律行为（法律行为）是民法的核心概念，如果法官不能理解和准确把握情谊行为理论，就很可能在民事审判中机械运用民事法律行

[①] 杜月秋：《论裁判的正当性基础——以法律效果和社会效果的相互关系为视角》，《法律适用》2007年第3期，第39-41页。

为概念，这不仅会导致司法裁判与人们千百年来形成的常识、常理发生严重的背离，损害法院裁判的权威性，加剧公众对司法的不信任感，而且还将向社会传达错误的信号，加深公众对道德法律化的错误认识。这不仅会使各种本不应该由法律调整的争议源源不断地涌入法院，让法院、法官变得更加被动，而且将不断加剧家庭关系、亲友社交关系的异化，使其"硬化"为紧张的、赤裸裸的财产法律关系，乃至全社会患上"基诺维斯综合癥"①。这种趋势是我们必须要加以防范的。

第三节　民法"不可抗力"界限的法经济学分析

一、引题：案情与审理

（一）基本案情

A市甲区管委会是A市甲区政府设立的负责产业园区管理的政府机构；乙公司是厂址位于该园区内的制药企业。2009年12月29日，A市甲区管委会与乙公司签订《拆迁合同》和《补充协议》，主要约定：乙公司自愿放弃被拆迁房屋产权和房屋安置，由甲区管委会实行货币补偿，甲区管委会向乙公司分期支付拆迁

---

① 基诺维斯综合癥（Kitty Genovese Syndrome）是美国学者唐纳德·布莱克用于描述美国现代社会的一种现象，即社会对法律的过分依赖和沉湎，使法律替代物（诸如自助、逃避、协商、第三方的调解、忍让等）的运用越来越少，导致人们处理自身问题的能力不断退化甚至消失殆尽，完全依靠警方和司法诉讼。

补偿款共计142935226.98元。双方还约定了拆除的时间节点等事项，乙公司应当于2011年6月28日前全部完成拆迁，若乙公司不能按时搬迁交接，每逾期一天应当按已支付款项的千分之三支付违约金。2009年12月31日、2010年11月30日，甲区管委会分别支付拆迁补偿款3500万元、3500万元。2014年11月4日，双方签署《备忘录》，确认：甲区管委会应在5日内支付乙公司69935226.98元，此外尚余尾款300万元未付；乙公司收到上述款后5日内移交土地给甲区管委会。2014年11月11日，甲区管委会付款69935226.98元。2014年11月21日，双方签署《移交确认书》，确认本案被拆迁土地及地上建筑物、附着物完成移交。乙公司提交的增值税缴纳材料表明，2011—2014年6月，乙公司利用原有厂房仍在进行相应的生产经营并纳税。甲区管委会认为，乙公司未按约定时间搬迁，严重延迟，应按照双方合约承担违约责任；乙公司认为，延迟搬迁的原因是国家出台了新的制药监管法规，为适应新规定需要，用于搬迁的新建厂房的重新设计和施工导致搬迁相应延长，应作为不可抗力事由免责。双方遂同意将违约争议提交法院解决。关于本案涉及的药品生产新监管法规，是指2011年1月17日原卫生部发布的《药品生产质量管理规范（2010年修订）》（以下简称"2010规范"）。2011年2月28日国家食品药品监督管理总局发布公告称："一、自2011年3月1日起，凡新建药品生产企业、药品生产企业新建（改、扩建）车间，均应符合《药品生产质量管理规范（2010年修订）》要求。"

（二）审理情况

一审法院判决，乙公司向甲区管委会支付违约金1200万元；甲区管委会向乙公司支付拆迁尾款300万元；二审法院判决驳回上诉，维持原判。

法院生效裁判认为，根据《中华人民共和国民法通则》第

153条和《中华人民共和国合同法》第117条第2款规定，不可抗力是指不能预见、不能避免并不能克服的客观情况。根据相关的解释条文，不可抗力包括自然灾害、社会非正常事件、政府行为。乙公司认为"2010规范"的颁布属于不可抗力，造成了乙公司不能按时搬迁完成。但是，"2010规范"的影响对象是所有制药企业。即使搬迁行为不存在，制药企业为适应"2010规范"而发生的成本和损失，应由各制药企业自行承担。《拆迁合同》和《补充协议》明确约定2011年6月前应当完成拆迁并办理土地移交，双方并未约定乙公司以完成新厂房建设为完成移交土地的条件。在国家颁布"2010规范"的情况下，乙公司仍应采取相应措施在约定期间内完成搬迁，并承担因"2010规范"实施带来的成本。但乙公司未按约定时间内完成搬迁，并在该时间段内维持"2010规范"实施过渡期间内旧生产线的生产活动，取得了相应利润并减少了部分成本支出。所以延迟搬迁行为并非"不可避免、不可克服"的不可抗力因素造成。按照约定目的，甲区管委会是对乙公司原有资产重置成本为限支付补偿价款，不应承担"2010规范"实施带来的应由制药企业自己消化的成本。因此，乙公司延迟搬迁的行为构成违约，应当承担本案违约责任。关于违约责任的计算，一审法院综合本案甲区管委会损失的实际情况，依照《中华人民共和国合同法》第114条第2款的规定，酌情降低违约金，确定为1200万元。二审法院综合延迟履行时间、案涉土地面积、土地租赁和出让价格、违约情节等因素，维持原判。因双方签署的《备忘录》已确认尚余尾款300万元未付，故对乙公司请求支付尾款300万元的反诉请求予以支持。

二、分析：如何通过法经济学方法界定"不可抗力"

本案的主要争议焦点是民法通则和合同法规定的"不可抗力"，特别是涉及国家法律政策变化、政府管理行为有关的"不可抗力"如何认定。本案裁判运用法经济学理论,将"不可抗力"的判断问题转化为"产权"界定和成本负担分析问题,提出了一种相对新颖的思路和分析方法,以资借鉴。作者以本案案情及双方诉辩主张为例,说明如何应用此种分析方法。

(一)根据现有法律规范和双方约定,界定双方"产权"的边界

根据制度经济学产权理论,产权包括"一个人或其他人受益或受损的权利"①,或者"一个社会所强制实施的选择一种经济品适用的权利"②。具体而言,根据法律规范和合同约定,有关当事人享有的权利、应当承担的义务或负担的经济成本范围,即可认为是制度经济学意义上的"产权"。就本案而言,乙公司根据《拆迁合同》能够从甲区管委会一方取得的土地、厂房重置补偿费,甲区管委会享有的乙公司按约定时间拆迁腾空并移交土地使用权,即为双方各自产权。由于"2010规范"颁布这一因素,增加了相应成本,本案双方主要争议在于"2010规范"因素影响下的产权界定。根据"2010规范"及国家相关管理规定,制药企业应当按照"2010规范"要求使自己的生产条件达到新的有关管理标准,而本案双方并没有约定乙公司以完成新厂房建设为完成移交土地条件。因此适应"2010规范"的成本是制药企业自己负担消化的成本。这一判断是对双方与"2010规范"有关的"产权"界定,是认定本案的关键规范因素。

---

① 〔美〕H. 登姆塞茨:《关于产权的理论》,R. 科斯等:《财产权利和制度变迁》,胡庄君等译,上海:上海三联书店、上海人民出版社,1994年,第97页。

② 〔美〕A. 阿尔钦:《产权:一个经典的注释》,R. 科斯等:《财产权利和制度变迁》,胡庄君等译,上海:上海三联书店、上海人民出版社,1994年,第166页。

（二）分析本案是否存在侵害他人产权的外在化效应现象

经济主体的选择行为必将产生相应的成本或收益。按照福利经济学理论，该收益或成本如果不仅影响该经济主体，而且影响该经济主体以外的其他主体时，则存在外在化效应（Externality）。特别是该选择行为的成本由他人承担，造成外部成本时，为负外在化效应[①]。按照制度经济学理论，"产权"是消除外在化效应，使外部成本内部化，实现经济效率的手段。本案中，在国家颁布"2010规范"的情况下，乙公司有两种选择。第一种选择是，严格依照合同约定，在约定期间内完成搬迁。在这种选择下，甲区管委会没有损失。由于根据"2010规范"新建厂房的周期较长，在这一周期内，乙公司无法生产，将自行承担停产带来的设备闲置损失、利润机会损失；第二种选择是，违反合同约定，不在约定期间内完成搬迁，则甲区管委会将承担无法按时取得土地出让金的机会损失。根据"2010规范"的过渡规定，在相应期间内，乙公司可以利用原有厂房设备生产，获得利润，避免或减少设备闲置损失。可见，乙公司自主选择的行为造成了外部成本，因此本案存在负外在化效应现象。

（三）结合已有的产权界定，判定是否应当"外部成本内部化"

本案中，乙公司在事实上和法律规范上，都有其自主选择的余地。但乙公司选择了后者。由此可见，"2010规范"的颁布本身虽然是"不能预见、不能避免"的，但对于守约和违约行为的选择问题上，从法律规范和事实两个方面分析，乙公司都具有

---

① 杨德明：《当代西方经济学基础理论的演变——方法论与微观理论》，北京：商务印书馆，1988年，第399–401页。

其选择守约的可能性。乙公司具有守约的可能性，而选择了违约行为，并造成了甲区管委会的机会损失，因此乙公司本案中的行为并不能构成"不可抗力"免责的事由。按照前文对双方"产权"界定的判断，"2010规范"带来的产业升级成本，应由乙公司负担。乙公司通过其行为选择减少了自身成本支出，并造成了外部成本，按照民商事法律的经济功能，应当将外部成本内部化，判令乙公司负担甲区管委会的相应机会损失。

下面谈谈分析本案时应当注意的问题。(1) 建立理性的行为选择与外部成本之间的因果关系，是运用本方法的重要前提步骤。具体而言，就是将合同法中"不能预见、不能避免并不能克服"的判断，转化为判断行为人是否具有自主选择"守约"的可能性。该可能性的判断应结合事实上的判断和规范上的判断。如在事实上不可能履行，则应认定为无"守约"选择的可能性；如在事实上可以履行，但将违反法律强制性规定或公认的伦理道德规范，或者造成明显损害他人合法权益的后果，则也应做出同样的认定；如在事实上可以履行，也未违反法律强制性规定和公认的伦理道德规范、不明显侵害他人合法权益，仅对行为人自身造成经济利益损失的，一般应认定为有选择"守约"的可能性。(2) 根据法律和合同约定，合理界定产权是处理本案的关键因素。即法官应当根据法律和合同约定，合理推断和分配双方当事人应当承担的有关成本。本案中，一审法院认为"法律法规的修改"是正常商业风险，这一判断较为笼统，对产权界定不够明确。这里需要进行必要的成本量上的区分。乙公司拆迁、重建厂房的成本费用实际上至少由两个方面构成，按照约定，原有旧资产重置成本部分是甲区管委会负担的成本；按照"2010规范"和一般社会观念，为适应新的监管法规改造生产线的额外费用，包括旧生产线暂停使用造成的机会损失，是乙公司自行承担的成本（即使假设拆迁不存在，也存在这一成本，而制药公司可能会通过提高药品销售价格对此予以分散补偿)。当事人通过自主选择行为,超越产权范围,将自己应当承担的成本转由他人承担,则应承担相应法律责任。(3)违约行为成立,也应根据其违约情节和实际造成的外部成本,合理确定违约责任的大小。现行合同法及相应的司法解释,对约定违约金的调整已有相应的规定。其经济学意义在于充分实现"产权"纠正外在效应的功能,符合经济效率原则。如约定违约金过分高于或低于外部成本(即违约损失),也是一种形式的资源错配,不利于经济效率。就本案而言,土地出让金延迟取得的机会损失实际远低于约定违约金,人民法院依法调整约定违约金,充分权衡了双方利益,是符合法经济学效率原则的,也符合法律的相对公平。

第四节 胎儿权益的民法保护[①]

2017年开始实施的《民法总则》第16条正式通过立法的形式,确认了胎儿的民法保护依据。这一立法实践是对近年来有关法理学说和司法实践的追认。特别是法院在司法案例中的某些做法,反映了法官在缺乏成文法可供援引的条件下,高超的理论推理手段和法律适用技术。

一、引题:案情与审理

(一) 基本案情

2002年4月27日,挂靠在被告某市汽车二队的被告杨某驾

---

① 案例来源于《最高人民法院公报》2006年第3期。

驶川 E07×××号小货车（杨某为该车实际车主），从泸州市纳溪区安富镇沿泸纳二级公路向泸州方向行驶，当行至该公路3km+200m 处会车时，由于对前方路面情况的观察不够，将同向行走的原告王某钦之父王某强撞倒，王某强经抢救无效死亡。此事故经某市公安局交通警察支队二大队认定，杨某负事故主要责任，王某强负次要责任。原告王某钦之母牟某与王某强自由恋爱多年，并同居生活。王某强死亡时未婚，但牟某已怀孕，尚未生育王某钦。

杨某因此次事故，犯交通肇事罪，经泸州市江阳区法院一审、泸州市中级人民法院二审追究了相应的刑事责任和附带民事责任。在上述刑事附带民事案件处理期间，原告王某钦尚未出生，王某强的父母曾请求杨某和某市汽车二队连带赔偿"未生下来的小孩抚养费"。由于王某强死时未婚，没有妻子，且当时原告王某钦尚未出生，无法断定其与王某强的关系，故在杨某反对下，法院未能支持此项赔偿请求。2002年10月22日，牟某生育了原告王某钦。2003年1月，牟某代王某钦向人民法院起诉，请求人民法院判令：（1）两被告共同支付原告抚养费及相关费用 18458 元；（2）两被告共同支付原告精神抚慰金 10000 元；（3）诉讼费用及相关费用由被告承担。

被告杨某辩称：（1）王某强死时未婚，没有配偶，不应有子女；（2）《民法通则》第9条规定："公民从出生时起到死亡时止，具有民事权利能力，依法享有民事权利，承担民事义务。"原告即便是王某强的遗腹子，王某强死亡时其尚未出生，不是具有民事权利能力的、能够行使请求权的民事主体；（3）《继承法》虽然有保护胎儿继承份额的规定，但本案是交通肇事损害赔偿，不是继承案件，赔偿金不等于遗产，保留胎儿份额的规定不能在本案适用；（4）《民法通则》第119条规定："侵害公民身体造成伤害的，应当赔偿医疗费、因误工减少的收入、残废者生活补助费等费用；造成死亡的，并应当支付丧葬费、死者生前扶养的人必要的生活费等费用。"在原交通肇事刑事附带民事一案中，王某强生前扶养人的经济赔偿问题已经附带解决。原告不是王先强生前扶养的人，不能依照《民法通则》第119条规定来请求赔偿，其诉讼请求应当驳回。

被告某市汽车二队辩称：即使能证明原告王某钦是被害人王某强的遗腹子，也只能按《道路交通事故处理办法》进行赔偿。1岁的孩子不懂得精神损害，不应支付精神抚慰金，不能满足原告的全部诉讼请求。

原告之父王某强死亡后，原告的舅舅从王某强遗体上提取了血样，交由交警保存。在本案审理期间，经原告法定代理人申请，在交警处提取了王某强的血样，送至四川华西法医学鉴定中心鉴定。经鉴定确认：王某强确系王某钦的亲生父亲。同时查明，泸州市2002年最低生活保障费是每月130元。

（二）审理

泸州市江阳区人民法院经审理认为，原告法定代理人即原告之母牟某与王某强自由恋爱多年，并同居生活，且在王某强死亡时牟某已怀孕。因原告在解决被告杨某交通肇事刑事附带民事一案时尚未出生，尚不具有民事权利能力，故在处理该案时未对其做出赔偿。我国《民法通则》第9条规定："公民从出生时起到死亡时止，具有民事权利能力，依法享有民事权利，承担民事义务。"可见，胎儿一旦脱离母体并成活，即具有民事权利能力，是合法的民事主体。原告于2002年10月22日出生，于2003年1月诉至法院，在起诉时已出生，具有民事权利，因此，有权为维护自己的权益提起诉讼。虽然王某强生前与牟某尚未结婚，但原告与王某强之间的父子关系经依法鉴定予以确认。抚养与被抚养的关系因其本身的血缘关系根本地、不可改变地存在，并不因王某钦出生的早晚或是否婚生而发生实质性变化。原告王某钦与婚生子女享有同等的民事权利，应视为死者王某强生前实际应当抚养的人。被告杨某在本次交通事故中既是驾驶员，又是车主，原告因被告的侵权行为而丧失了在正常情况下父亲王某强将必然提供的生活费、教育费的利益。根据《民法通则》第 119 条规定，原告有权请求被告赔偿其生活费、教育费等必要的费用，因此原告要求被告杨某给付生活费、教育费的诉讼请求符合法律规定，应予支持。但同时亦应考虑原告之父王某强在交通事故中也有一定的过错，根据过失相抵原则适当减轻被告的民事责任。被告某市汽车二队是被告杨某车辆的挂靠单位，在被告杨某赔偿金额不能给付的情况下，应承担垫付责任。原告诉请的生活费应按泸州市 2002 年最低生活保障每月 130 元标准，教育费按每年 444 元标准，计算至原告 18 周岁时止。对于原告提出的要求被告给付精神抚慰金的请求，因不符合最高人民法院《关于确定民事侵权精神损害赔偿责任若干问题的解释》的相关规定，对此请求该院不予支持。

据此，法院判决：一、被告杨某应于在判决生效后 10 日内一次性给付原告王某钦生活费 12636 元、教育费 3600 元，共计 16236 元，其余损失 1804 元由原告王某钦自行承担；二、被告某市汽车二队对上列款项承担垫付责任；三、驳回原告王某钦对被告杨某的其他诉讼请求。本案诉讼费 1712 元，鉴定费 4000 元，合计 5712 元，由原告王某钦负担 812 元，被告杨某负担 4900 元。

判决做出后，双方均未上诉。

二、保护胎儿利益的传统民法法理基础

孕育中的胎儿，其尚未脱离母体独立生存，尚不具有独立的人格尊严，因而其法律地位不同于通常意义上的自然人，但其作为孕育中的"潜在的人"，无论从伦理观念还是法律观念上来

看，都不可能等同于"物"。对孕育阶段胎儿的侵害，其损害结果难以避免地延及出生后成为独立存在的人。从罗马法开始，尽管各国在法律上对胎儿的观念各有不同，但总体而言出于伦理、宗教观念和尊重人权的角度考虑，在法律上对胎儿皆给予一定的保护，但保护的程度和方法各有不同。

（一）各国的立法实践

近现代民法法系国家，由于受"权利能力始于出生，终于死亡"理论的影响，对于胎儿的权益保护，不可避免地要解决权利能力这一理论难题。根据有关学者的归纳，民法法系国家主要采取以下几种解决方法[①]：一是总括保护主义，即凡涉及胎儿利益之保护时，视为其已经出生。如瑞士民法、我国台湾地区"民法"。二是个别保护主义，即胎儿原则上无权利能力，但规定若干例外情形加以保护。如法国民法、德国民法、日本民法等。在德国法院所创制的判例中，创设了"生命法益"概念，将胎儿作为自然人生命的自然延伸，认为对胎儿的损害，构成生命法益之侵害[②]。三是绝对主义。即绝对否认胎儿具有权利能力，如1964年苏联民法典和我国《民法通则》。我国《继承法》第28条规定胎儿的特留份，既非总括主义，也非个别的保护主义。

英美法系国家不存在权利能力的概念，但其以往判例固守"胎儿为母体的部分，非属法律上的'人'"的观念，对胎儿的法律保护力度较弱。近几十年来，英美国家就此加大了保护力度。美国法院陆续废弃了之前的判例，承认当事人对出生前遭受的他人侵害有权请求赔偿。英国也出台了有关专门法案。

---

① 尹田：《论胎儿利益的民法保护》，《云南大学学报（法学版）》2002年第1期。

② 王泽鉴：《民法学说与判例研究》（第四册），北京：中国政法大学出版社，2005年，第220页。

(二) 国内学者的学说主张

在国内,关于胎儿保护的研究成果已有相当数量,按照是否应当赋予胎儿以权利能力的角度,可以将各种主张分为两类[①]:一是肯定说,即认为应当赋予胎儿以权利能力,并且在立法上应当采取民法法系"总括保护主义"模式。二是否定说,主张不应赋予胎儿以权利能力,但具体主张各有不同。主要有三种:其一,依附母体保护说,理由是胎儿本身不具有权利能力,法律不能为了保护胎儿的某种特殊的利益而改变,如果胎儿真的具有权利能力,其权利能力的起始期限也不好确定。其二,人格延伸保护说。该学说虽然不承认胎儿的民事主体地位,但另辟蹊径解决胎儿保护问题,主张人身权延伸保护的客体是人身法益,而非权利本身,当民事主体还未出生前,作为权利主体是不存在的,但由于其已具备若干生命的条件,围绕人身权而存在的先期人身利益是客观地存在于世的,立法者不承认其为权利,但承认其为合法利益,并予以法律保护,因而成为法律保护的客体。其三,预先保护说。此说在技术上严格维护法律逻辑,否定胎儿的主体性,不承认其具有权利能力,但可以通过对出生后自然人的某些利益进行预先保护,从而达成对胎儿的保护。

从以上的各种理论观点以及外国的立法与实践来看,作为"尊重和保障人权"这一命题的当然延伸,对未出生胎儿的权益进行保护,已基本成为世界各国法律和国内学者共识。其主要争论在于,在保持现有的法律理论的逻辑严密与体系科学的前提下,应当通过何种方法和途径,来实现保护胎儿利益的法律目的。这为本案的处理指明了方向。就本案而言,原告身为胎儿时其父遭受人身侵害,原告出生后主张的被抚养权益应当得到支持

---

① 杨巍:《论胎儿利益的民法保护》,《环球法律评论》2007年第4期。

和保护,需要解决的问题是,达到这一目的的途径。

三、"权利能力"并非保护胎儿利益的唯一法律手段

从法经济学"补偿性"原理分析,行为人的行为给他人造成的外部成本,应当通过法律手段进行"外部成本内部化"。胎儿阶段遭受的外部成本亦是一种成本。反映在法律技术上,区别于胎儿是否成功发育成独立个体,具体的成本补偿形式和对象范围应有细微差别,但不影响成本补偿的应然性本身。域外法律并非都明确赋予胎儿权利或者权利能力,但同样保护胎儿的合法利益;国内学者对于是否赋予胎儿以权利能力有不同看法,但都同意对胎儿权益进行一定的保护。由此可见,胎儿是否具备权利能力,并非法律对胎儿权益进行保护的必要前提,或者唯一手段。我国《民法通则》第9条明确规定:"公民从出生时起到死亡时止,具有民事权利能力,依法享有民事权利,承担民事义务。""权利能力始于出生"的理论基础源自德国民法及其哲学基础,并且符合法律理论的逻辑严整性要求,世界多数民法法系国家都如此规定。

其一,"权利"并非民法唯一的思维工具。"法"与"权"实为同一事物的不同表现,"权利"是法律主体从主观角度观察"法律"的结果,因此,自罗马以来的欧陆语言,法律与权利均为同一词语,权利又被称作"主观法",法律规范被称作"客观法"。权利概念是民法学对纷繁复杂的市民社会所做出的高度抽象,是支撑民法理论的主要思维工具。但是,如果过分倚重"权利"概念,忽视了法律本身的"令行禁止"的利益调整与保护机制,则可能陷入"无权利则无保护"的"权利实证主义"怪圈,甚至生搬硬造一些并非民事权利的"新权利"。正如梅迪库斯教授所承认,尽管不可替代,但"权利"并非民法的唯一思

维工具。① 在"权利"难以解释的场合，往往是"法益"概念的运用空间。一个典型的例子是，最高人民法院《关于确定民事侵权精神损害赔偿责任若干问题的解释》第3条巧妙地避开了死者的权利能力问题，严格区分死者的人格利益和自然人的人格权，以诉权授予的方式将请求权授予死者近亲，成功实现了死者人格利益的延伸保护。这其实对本案的法律适用提供了一条重要思路——"胎儿"不享有权利，不影响对本案原告的保护。

其二，胎儿权益的保护最终落实于自然人所享有的利益。无论是对胎儿的发育造成的物质形态的侵害而导致健康损害，还是对胎儿父母劳动能力的侵害而导致扶养能力丧失，尽管侵害发生在胎儿孕育之中，其侵害的利益实质都是其母体或者即将出生的自然人的利益。在本案中，只有在出生、脱离母体之后，原告王某钦才成为一个独立的主体，才存在被扶养的利益。在其出生之前，被扶养利益虽然是可期待的，但并不现实地存在。如果胎儿在出生前胎死腹中，那么被扶养的利益自此消失，交通事故肇事者所侵害的仅是其父亲的生命、健康权。因此，对"胎儿权益"的保护其实只需要落实于对自然人的保护即可，本案原告在出生之后已成为一个独立的自然人，自然具有民事权利能力，有权（通过法定代理人）行使相关的请求权。

四、请求权基础检索：公正裁判之技术关键

本案原告具有权利能力，具有行使请求权的资格，但其请求权行使是否有法律依据，法院是否应当支持，还应当看他是否有相应的请求权基础。所谓请求权基础，是指借以支持一方当事人向他方当事人有所主张的法律规范。在民事裁判中引入请求权基

---

① 〔德〕迪特尔·梅迪库斯：《德国民法总论》，邵建东译，北京：法律出版社，2001年，第64–65页。

础方法,不仅可以准确寻找到法律适用的依据,还可以避免不必要的烦琐推理。请求权基础这一方法,在已经制定了较为严密和完善的成文民法国家,是一种快速、准确、有效地适用法律的方法。德国《民法典》第 844 条第 2 款第 2 句明确规定,在扶养义务人因侵权行为致死的情形,胎儿对加害人有损害赔偿请求权。一旦请求权基础得以确立,本案即可迎刃而解。但是,我国民事法律和司法解释对此并未有相关明确规定,尽管外国法律的有关规定可以作为法官判案的参考,不过却不能成为处理我国国内民事案件的参照依据予以适用,而学者的各种学说,其立论基石并不受我国现有民事法律和司法解释的约束,其立论多为"立法论"而非"解释论"。如何从我国现有法律和司法解释出发寻找请求权基础,达到保护胎儿利益的法律目的,得出支持原告的结论,这是本案的关键与难点。

《民法通则》第 119 条规定:"侵害公民身体造成伤害的,应当赔偿医疗费、因误工减少的收入、残废者生活补助费等费用;造成死亡的,并应当支付丧葬费、死者生前扶养的人必要的生活费等费用。"最高人民法院《关于审理人身损害赔偿案件适用法律若干问题的解释》第 1 条第 2 款规定:"'赔偿权利人',是指因侵权行为或者其他致害原因直接遭受人身损害的受害人、依法由受害人承担扶养义务的被扶养人以及死亡受害人的近亲属。"根据以上规定可知,自然人遭受人身侵害的,具有损害赔偿请求权的人包括直接受害人和间接受害人。直接受害人是指因侵权行为或者其他致害原因直接遭受人身损害的受害人。间接受害人,是指侵害行为直接指向的对象以外因法律关系或者社会关系的媒介作用受到损害的人。间接受害人包括了被扶养人和死者近亲属。此之所谓扶养,是广义的扶养,包括狭义的扶养即平辈之间的扶养以及长辈对晚辈的抚养和晚辈对长辈的赡养。承担扶养义务的前提，是当事人之间具有法律规定的身份法益。①

本案中，根据对死者死亡时保存的血液进行鉴定，确认原告王某钦系死者王某强之遗腹子。根据我国《婚姻法》的规定，父母与子女之间因特定身份关系而产生抚养义务。抚养与被抚养的关系因其本身的血缘关系根本地、不可改变地存在，并不因原告王某钦出生的早晚或是否婚生而发生实质性变化。尽管侵权行为发生时原告尚未出生，当时的胎儿不具有法律上的人格，其时还不是其父现实扶养的人。但是，胎儿阶段乃是自然人生成过程所必经的阶段，是自然人生命的自然延伸。对原告父亲的人身损害造成其死亡，使得即将出生的原告丧失了本应存在的接受抚养的经济来源。这种受抚养的利益，是原告对其亡父的合法合理的期待利益，这种利益对于原告出生后的正常、健康地成长与发展是不可缺少的，法律应当加以保护。自原告出生后，其在胎儿阶段受法律保护的利益，自然由具有权利能力的原告来概括承受。因此，采取扩张解释的办法，将原告视为《民法通则》第119条规定的"死者生前扶养的人"，不仅没有突破《民法通则》法律文本的字面含义，而且符合民法保护公民合法权益的基本精神，有利于保护未成年人的生存权、发展权。

综合以上分析，《民法通则》第119条是原告所主张的请求权基础（本案审理时，最高人民法院《关于审理人身损害赔偿案件适用法律若干问题的解释》尚未生效，故尚未引用该司法解释）。人民法院通过对该条规定的关于"死者生前扶养的人"的具体解释，不纠缠于胎儿是否有权利能力这一问题，支持原告的生活费、教育费等抚养费支出请求，实现了保护胎儿权益的法律目的，较好地运用了法律智慧，凸显了民法的人文关怀。

---

① 陈现杰：《〈关于审理人身损害赔偿案件适用法律若干问题的解释〉的理解与适用》，《人民司法》2004年第2期。

第三章 知识产权与法经济研究方法

第一节 知识产权制度的政治经济学研究

关于知识产权制度的研究，历来呈现出具体规则与制度研究异常繁荣而一般理论研究相对匮乏的状况。知识产权制度的形成、本质和发展走向，其中蕴含怎样的一般性规律，相关的研究文献相对偏少。至少有以下一些涉及知识产权制度发展变迁的一般性、全局性问题，并没有得到特别合理、透彻的解释和回答。如，相比人类的有形财产制度而言，为什么知识产权制度萌芽很早，但真正快速发展却是工业革命特别是最近两百年不到的时间？如何认识和理解知识财产的价值或价格？被称作鼓励创新的制度安排，为什么一方面知识产权制度对象外延不断扩张，另一方面许多知识或创新却始终不纳入知识产权保护范围之内，如何解释这一矛盾？为什么具有强烈地域性的知识产权制度日益发展成为一个全球性的制度？为什么知识产权制度成为发达国家与发展中国家冲突博弈的重要领域？现有的知识产权制度将如何发展？

经济学分析是研究法律制度的重要方法，知识产权制度的经济分析，有助于我们进一步探讨以上问题。但当前对知识产权制度的经济分析，主要遵循的是西方主流经济学边际分析、成本收益分析等微观分析方法，或者西方产权理论分析方法。由于西方主流经济学理论的某些局限性，以上分析往往对某些具体的知识产权法律规则设计具有较强解释力，但难以深入揭示知识产权制度现象及其一般规律,特别是解释制度发展演变背后的深层次的政治经济动力与未来的总体发展方向。因此,从马克思主义政治经济学角度分析研究知识产权制度,具有重要理论意义和实践意义。

一、知识产权制度的政治经济学分析研究概况

在马克思撰写《资本论》的时代,欧洲主要国家已经陆续制定保护专利、商标、版权的成文法律或者形成相关司法判例,但尚未形成大规模的知识产权国际保护法律制度。马克思去世后不久,《保护工业产权巴黎公约》(1883年)缔结,《保护文学艺术作品伯尔尼公约》(1886年)缔结,世界性的知识产权法律制度框架基本形成。马克思、恩格斯在撰写和整理《资本论》及其他相关著作时,对资本主义私有财产权及生产资料私有制进行了论述,但并没有正面论述知识产权制度。当前,从马克思主义政治经济学角度分析知识产权的本质、制度发展演变的文献虽有一些,但总体偏少,且结论往往趋同,成果相对零散,并未形成体系化的完整架构,因此有必要进一步深入思考、研究。关于采用马克思主义理论分析研究知识产权制度的成果,目前有澳大利亚学者彼得·德霍斯编著、1996年出版的专著《知识产权法哲学》(国内出版的中文译本名为《知识财产法哲学》)中的专章论述。他运用马克思主义理论方法,对知识产权现象进行了分析解释[1]。美国学者迈克尔·皮瑞曼2003年发表的《知识产权与商品形态:对剩余价值转化的新思考》一文,从马克思劳动价值论对知识产权制度进行了分析[2]。北京大学曲三强教授撰写的

---

[1] 〔澳〕彼得·德霍斯:《知识财产法哲学》,周林译,北京:商务印书馆,2008年,第73-74页。

[2] 〔美〕迈克尔·皮瑞曼:《知识产权与马克思的价值理论》,靳立新摘译,《国外理论动态》2004年第8期。

《马克思主义视角下的知识产权》以马克思历史唯物主义理论为基点,从财产权与法律的关系、知识创造的实质、创造性劳动的属性三个方面分析了知识产权①。其他一些学者在以上论文的基础上进行了进一步阐述。谢惠加的《知识产权合理性再解读——以马克思劳动观、私有财产观和技术观为视角》从马克思的劳动观、技术观、产权观,分析了知识产权制度的存在合理性,并进行了再解读②。国内运用政治经济学理论研究知识产权的最新成果是任洲鸿、尹振宇撰写的《知识产权的政治经济学分析:以微笑曲线为例》,该文运用马克思主义政治经济学中的价值、商品、资本和垄断等经济范畴,以微笑曲线为例,分析知识产权的资本属性与垄断特性。③

二、知识产权制度政治经济学分析的具体观点分析综述

(一)关于知识产权制度的产生与演变

彼得·德霍斯认为,马克思对财产法、合同法等法律在资本主义社会经济运行中的作用给予了充分肯定,这种保护功能也可以延伸到对知识产权法的分析上,它可以看成是保护一个基于抽象物上的生产模式中资产阶级不同成员的投资。换言之,知识产权法不需要激励个人进行创造性工作,它需要的是确保统治阶级利益并将其延伸到生产工具的重要手段(抽象物)。④

---

① 曲三强:《马克思主义视角下的知识产权》,《思想战线》2007年第1期。
② 谢惠加:《知识产权合理性再解读》,《重庆工学院学报(社会科学版)》2008年第5期。
③ 任洲鸿、尹振宇:《知识产权的政治经济学分析:以微笑曲线为例》,《当代经济研究》2016年第1期。
④ 〔澳〕彼得·德霍斯:《知识财产法哲学》,周林译,北京:商务印书馆,2008年,第73-74页。

因为资本主义的目标是无止境地追逐利润,循环往复无止境地追求价值增值。而竞争迫使个体资本家寻找新的价值来源。资本主义生产目的即不断追求利润与扩大资本积累,决定了个体资本家为获得市场优势会展开激烈的竞争。为了获得竞争优势,资本家会千方百计地采用新技术,开展技术革新工作。创新成为个体资本家在市场竞争中的核心问题。出于竞争压力,资本家便源源不断地寻租创造性劳动。马克思认为未来资本主义发展在很大程度上依赖于创造性劳动,尽管他未对这一问题加以讨论,但从他的理论可以得出这样的结论。

彼得·德霍斯还认为,在资本主义国家,知识产权法保护的立足点也在变化,即从保护创造性劳动向保护投资转变。由此解释了为什么智力创造者通常不是知识产权所有者的现象。从马克思的观点看,作家、画家、发明创造者等的地位,与普通工人并没有什么不同,他们的创造性劳动都遭到资本家的剥削。他们同普通雇佣工人一样,都出卖自己的劳动力。[1]

谈萧也认为,正如马克思指出的资本主义市场经济存在的利润率下降趋势规律,这一趋势使得资产阶级内部产生了激烈的竞争。这又反过来促使资本家们争相引进新的生产方式和新产品,革新于是成为资本家们在市场中生存的关键手段。因此,"资本主义市场经济依赖创造性劳动寻求新机器、新技术的生产方式,至少会暂时增加利润,用马克思的话来说是增加剩余价值"。正因为市场经济越来越依赖于创造性劳动,则创造性劳动被融入商品生产活动。而创造性劳动融入商品生产活动必须依赖于知识产权法。[2]

---

[1] 〔澳〕彼得·德霍斯:《知识财产法哲学》,周林译,北京:商务印书馆,2008年,第73-74页。

[2] 谈萧:《评马克思的知识产权观》,《云南大学学报(法学版)》2011年第11期。

曲三强认为,"马克思的历史唯物主义是从效率的角度来看待私有权的产生的原因的"。"由于竞争的压力,资本家不断寻求生产力发展的新的动力。创造性劳动无疑是解决这一难题的最好资源。知识产权依其商品化特征发展了资本主义的商品本质。"①

（二）关于知识产权的本质

克尔·皮瑞曼认为,"知识产权是一种新的商品形态","是马克思所谓一般劳动转化为一种完全新型的商品形态"。"一般劳动具有另外一种重要的特征,那就是除无偿地被社会普遍利用外,它常常以特殊的形式发挥作用。一项科学发明可以被年复一年循环使用,而且催生一项项新的技术。"②

任洲鸿、尹振宇认为：" 知识产权垄断的政治经济学本质,就是通过对研发领域的生产条件（主要是高端技术、专利和专业化人才）和再生产条件（主要是销售领域中的品牌和服务条件）的垄断,垄断和控制了商品的价值生产条件和实现条件,由此获得吸取生产加工制造领域劳动者所创造的价值和剩余价值的权力,并由此攫取高额利润,从而形成微笑曲线中的'水泵效应'。同时,这种吸取生产加工制造领域的劳动者创造的价值和剩余价值的权力,通过知识产权获得一种合法性外衣。"③

段进朋认为,当一项新的技术发明产生后,在完善的知识产权制度的保护下,在技术专利权所赋予的期限内,使用该项技术专利权的企业,在法律上就具有了对该项技术所产生的自然力的垄断权。这种垄断与马克思所论述的总是与土地分不开的自然力

---

① 曲三强：《马克思主义视角下的知识产权》,《思想战线》2007 年第 1 期。

② 〔美〕迈克尔·皮瑞曼：《知识产权与马克思的价值理论》,靳立新摘译,《国外理论动态》2004 年第 8 期。

③ 任洲鸿、尹振宇：《知识产权的政治经济学分析：以微笑曲线为例》,《当代经济研究》2016 年第 1 期。

的垄断在形成稳定的超额利润方面具有完全相同的性质和特征。因而，它也会形成虚假的社会价值。而当该项技术专利权到期后，这种特殊的垄断就不复存在，这种自然力就可以在同一部门让一切资本自由支配，这种自然力的普遍利用就表现为部门劳动生产率的提高或社会必要劳动时间的缩短，表现为商品价值量的下降。①

孟捷、龚剑、向悦文发表的《马克思主义竞争理论的发展研究》从资本主义世界竞争与垄断问题的角度，对知识产权垄断现象提出了初步观点，认为当今世界的知识产权垄断的实质是少数国家和国际垄断利益集团有意识控制的结果。②

（三）关于知识产权制度的功能

彼得·德霍斯认为，知识产权制度作为上层建筑，是维护统治阶级利益的工具，掩盖了资本主义社会中，剥削创造性劳动的事实。特别是近几十年来，国际知识产权制度发生了很大变化，保护范围、力度加大，与经贸、政治相互渗透，特别是发达国家利用其作为内政、外交的重要手段，反映了在资本主义经济生产力发生根本变化的背景下，维护其统治力量的工具。彼得·德霍斯还认为，知识产权法具有意识形态功能，即通过刺激和报酬创造性劳动掩盖资本主义生产方式中创造性劳动被剥削的事实。由于将抽象物并入所有权物，增加了商品拜物教成分。后果之一就是资本主义经济学家在分析知识产权问题时，偏离社会关系，对建立知识产权的基础社会关系只字不提。

冯晓青认为，在资本主义社会，知识产权法使创造性劳动出

---

① 段进朋：《马克思在〈资本论〉中关于自然力的论述及其对我们的启示》，《当代经济研究》2004年第8期。

② 孟捷、龚剑、向悦文：《马克思主义竞争理论的发展研究》，《经济学家》2012年第10期。

现商品化的特点。知识产权法为资本主义提供了另一个有特色的商品形式。①

曲三强认为:"知识产权的发展使资本主义具有另外一个显著特征,即创造性劳动的商品化。创造性劳动提高了生产效率,也因此弱化物质性劳动力的作用。创造性劳动在把资本主义社会的生产推向更高水平的同时,也缓和了资本主义社会的固有矛盾。然而,与创造性劳动直接相关的知识产权仍然被用于维持原有的不平等状态,甚至还造就出信息穷人和富人的差别。由于资本主义社会通过知识产权将创造性劳动整合进生产过程,创造性劳动者如同其他雇佣劳动者一样也成为异化劳动的工人,科学研究和发现也因此而成为异化劳动。总而言之,科学技术创新实际上是在为资本服务。"②

（四）关于知识产权制度的价值评价

周翼对知识产权制度进行了激烈批评,认为"知识产权保护制度却只强调对资本生产环节的'知识'的保护,其实质是阻碍人类知识和生产力的发展"。"知识产权制度只是强化了资本的统治地位。"③

美国学者迈克尔·皮瑞曼认为:"当今社会中知识作用的加大反映了社会一般劳动所起的作用越来越大,资本主义越来越失去存在的必要性,对知识产权的过分保护成为资本主义扩大商品化、抵制利润率下降从而保护资本主义的一种新办法。""但实际上,保护资本主义的策略严重削弱了科学劳动对社会与经济发

---

① 冯晓青:《马克思理论与知识产权》,《电子知识产权》2003 年第 12 期。

② 〔美〕迈克尔·皮瑞曼:《知识产权与马克思的价值理论》,靳立新摘译,《国外理论动态》2004 年第 8 期。

③ 周翼:《从马克思主义视角看知识产权问题》,《马克思主义研究》2007 年第 11 期。

展的潜在能力，使矛盾更加深化，而这种深化很大程度上没被人们注意到。"①

谈萧还认为："知识产权法的出现，使得建立在法权（Recht）基础上的劳动社群和共同体成为可能。通过知识产权法，劳动获得与资本博弈的基础和力量，从而有可能实现异化劳动的回归。""知识产权法是真正的社会主义制度，经由知识产权法，劳动获得与资本博弈的力量，从而有助于实现经济民主、契约合作基础上的市场社会主义。"②

三、知识产权制度政治经济学研究的评价

关于知识产权制度的政治经济学分析，属于知识产权法律制度与政治经济学两个领域的交叉地带。从以上现有研究成果来看，总体上围绕马克思主义政治经济学，对知识产权制度进行了一定程度的解释，给我们进一步的研究提供了很有益的启发。但总体上还不够深入。我认为主要存在的不足有以下几点。

一是关于知识产权制度与资本主义生产方式之间有无内在联系，是什么联系，并没有得到很好的回答。从历史来看，知识产权制度是伴随工业革命和资本主义生产方式产生的，两者之间的内在关系，虽然有一些论述，但比较零散，浮于表面。马克思写作《资本论》以后的时间，知识产权的保护与利用已经成为资本主义生产中的一个重要环节。虽然马克思《资本论》没有分析知识产权制度，但马克思的劳动价值理论、剩余价值学说、资本周转循环理论、剩余价值分配理论等，对资本主义生产方式进

---

① 〔美〕迈克尔·皮瑞曼：《知识产权与马克思的价值理论》，靳立新摘译，《国外理论动态》2004年第8期。

② 谈萧：《评马克思的知识产权观》，《云南大学学报（法学版）》2011年第11期。

行了深刻论述,同样适用于知识产权制度的分析。

二是对不同类型的知识产权,没有区分具体情况进行讨论分析。这导致政治经济学分析过程较为笼统,在逻辑上不够周延。比如某些适用于专利技术、专有技术(Know-how)产权制度的政治经济学分析,就不完全适用于对商标、商号的产权制度。对此,应当实事求是地予以区分,进行具体的讨论分析,再进行综合归纳,提炼其共性。

三是关于知识产权的价值与价格问题,没有进行合理解释。当前,知识产权作为一种资产,可以作为买卖、质押融资的对象,它的价值或价格是如何确定的?如何从政治经济学的角度解释它,没有很成熟的研究。

四是没有很好地结合经济史、法制史进行制度层面的经济分析。经济史、制度史分析,既是归纳提炼理论观点的重要方法,也是验证理论假说的实证要求。而关于知识产权制度的起源、本质等理论假说,目前的研究总体上还缺少历史经验事实的验证环节。

五是关于知识产权制度存在的合理性,缺少细致的辩证分析。按照马克思主义的历史唯物主义和唯物辩证法,财产权制度是一个历史性范畴,知识产权制度也必然如此。如何在分析知识产权制度合理性和必然性的同时,把握它的非合理性,以及在什么范围内具有合理性和必然性,在什么条件下它将走向衰亡,现有的研究成果极少。

四、知识产权制度政治经济学研究的思考与启示

第一,知识产权制度与现代资本主义生产方式有紧密内在联系。在资本主义市场经济条件下,竞争推动创新,而创新成果要转化成利润,并进行利润的再生产也就是积累,就必须依靠知识产权制度。作为上层建筑的知识产权制度,是经济基础的反映和

要求，上层建筑也会反作用于经济基础。只有这个关键环节正常运转，才能保护资本的积累过程，保证资本在单次循环中完成物质上的替换和价值上的补偿。

第二，知识产权制度保护的范围边界决定于与创造性知识有关的资本运动。从国内外经验事实看，关于基础科学理论等创新性研究，往往作为公共品供社会使用。从制度保护内容来看，关于创新和发明创造的人格权保护居于绝对的次要地位。资本的利益是知识产权制度保护的绝对重心。

第三，关于知识产权的价值与价格问题。知识财产，终究来源于人的创造性智力劳动。从经验事实看，直接从事创造性智力劳动的科学家、工程技术人员、文学艺术家、管理者等脑力劳动者，从知识产权制度中获得的收入报酬相对有限，而因知识产权垄断获得的利润主要是大公司、大企业。

第四，关于知识产权制度的国际化现象。知识产权制度不仅伴随资本主义的发展迅速完善，而且迅速成长为一个全球性制度安排。主要工业化国家率先完成知识产权保护的国际条约缔结。从《巴黎公约》《伯尔尼公约》再到世贸组织《与贸易有关的知识产权协议》（以下简称《TRIPS 协议》），总体上体现了发达国家资本的利益。

第二节 关于知识产权"法益论"的探讨

世贸组织《TRIPS 协议》在"引言"中开宗明义地要求各缔约方"承认知识产权为私权"，而私权即指"民事权利"。知识产权私权论,即知识产权是民事权利的结论,便成为世界各主要国家法律之共同宣示,并在知识产权领域内占据主流地位。

然而,即使是在《TRIPS协议》框架以及我国当前的法律规定下,知识产权民事权利说,亦面临着一些不能自圆其说的难题。另外,面对诸如地方传统医药、民间艺术、遗传资源等,虽然目前《TRIPS协议》等国际条约尚未充分重视,但学者呼吁应将其纳入保护的范围,知识产权民事权利说就面临着更严重的窘境。这势必需要一种更完善的基础理论来解决这个问题。

一、关于知识产权"私权论"的评价

知识产权最早的雏形是封建特权。近代以来,分立的财产对自由、公正的实现和国家的强盛起到了关键的作用。① 在此时,知识产权完成了向私权的转化。尊重和保障产权是人类进步、国家文明的重要标志。西方各国近代以来对私人财产的充分保障,特别是领先的专利权、版权、商标权制度,对保护发明创造、技术创新与维护正常市场经济秩序起到了巨大作用。上述三种最早的知识产权是最典型的以无形财产为客体的民事权利。权利人对专利技术、作品、商标客体可以实现法律上的"专有",可以要求他人作为、容忍或不作为,以自己的名义实现其利益并排除权利之妨碍。知识产权民事权利说,在解释上述三种知识产权时无疑是非常成功的。

有观点认为法律对知识产权的限制多,体现的公共利益诉求多,就否认它的私权性质,这是错误的。无边界无限制的私权是不存在的,从历史的角度考察,法律对所有权——典型民事权利——的限制历史相当悠久,并且限制私权的历史趋势是从所有

---

① 金海军:《知识产权私权论》,北京:中国人民大学出版社,2004年,第211页。

权向其他民事权利扩展。① 不能说法律对私权有限制那就不是私权了。而知识产权公化私权理论或者知识产权公权化的判断②似有一定道理，却似是而非、经不起推敲。自近现代以来，人类改造自然的能力不断提高，为了平衡不同主体私利益和社会公共利益，各种民事权利的范围边界已发生了不小的变化。1804法国《民法典》所理解的上达天空，下至地心的所有权概念，在排水给水、采光、环保、能源、城乡规划等现代化问题下已不可能存在；在现代法律中，善意与诚信原则，反垄断、反歧视规则，对消费者的特殊保护等规则使债权不可能还完全保留着几百年前的经典样式。随着社会的需要，在私益与公益、不同私益之间调整合理的边界，是所有民事权利的共性，绝非知识产权所独具。对于"公权"一语，可以理解为国家机关的"公权力"，也可以理解为选举权、诉愿权等公法权利。现代民事权利只是新的形势下修正自己的边界，体现利益之平衡，绝非向公权力或者公法权利方向发展。法律对知识产权的管理绝不能等同于对枪支的管理。③ 因此，从这个角度分析，坚持知识产权私权论是正确且必要的。

尽管如此，知识产权外延的快速扩张，使针对它的各种经典命题变得越来越不精确，乃至延伸到对"知识产权是私权"这一命题的怀疑。

历史上，专利与版权构成了近现代知识产权最早的外延。英国1624年颁布的《独占法》，1710年颁布的《安妮女王法》，开创了现代意义上的专利法与版权法。此时以"对创造性智力成果

---

① 李海昕、郭凌：《"权利不得滥用"历史新探》，《四川教育学院学报》2006年第7期，第27-28页。

② 冯晓青、刘淑华：《试论知识产权的私权属性及其公权化趋向》，《中国法学》2004年第1期，第61-68页。

③ 郑成思：《知识产权法》，北京：法律出版社，2003年，第124页。

的民事权利"来概括知识产权是恰当的。然而,商标权的出现使这一概括不再精确。据考证,商标进入知识产权领域出于很多偶然因素,商标与智力成果权最初并不是通过明晰的逻辑基础连接的,只是在规范意义上,现成的智力成果权制度提供了很多类推的基础。① 在知识产权只包含传统三大板块(专利权、版权、商标权)的前提下,"对创造性智力成果与商业标志的民事权利"的概括也是精确的。而到了现代,知识产权的外延进一步扩张,商业秘密、集成电路分布图、植物新品种、奥林匹克标志、地理标志、商号等无形客体纷纷纳入知识产权范围。从实证角度分析,不光数据库、经营信息等缺乏创造性的成果使"创造性智力成果"说出现不周延,而且地理标志、传统知识、基因资源等客体的加入,甚至使"知识产权是民事权利"的论断也出现了漏洞。

例如,西湖龙井茶是由国家批准的原产地域产品。茶商梁某来到贵州某县,在当地收购一万公斤外形酷似龙井茶的茶叶。收购回浙江以后,直接包装成"西湖龙井茶"进行销售。西湖产区某大型茶厂得知后,认为自己正宗产品的销售严重受损,欲起诉梁某。虽然梁某的行为确实违法,应追究行政责任,但是,"西湖龙井茶"这一地理标志,不可能真正属于西湖产区的某一家企业或者个人。西湖龙井茶"地理标志权"并不是这家企业的专有民事权利,在实体上不能据此主张梁某侵权责任,在程序上因难证明双方与诉讼标的利害关系而难以起诉。而地理标志属于《TRIPS 协议》明确要求保护的知识产权,"知识产权是民事权利"在解释本案时,遇到了严重的困难。

又如,署名权、修改权、保护作品完整权,是作者的著作人

---

① 李琛:《对智力成果权范式的一种历史分析》,《知识产权》2004年第2期,第9—13页。

身权。这几项权利在作者生前是民事权利无疑。至于作者死后，《著作权法实施条例》第 20 条规定，其著作权中的署名权、修改权和保护作品完整权由作者的继承人或者受遗赠人保护。众所周知，人身权利具有人身专属性，既不能转让，也不能继承，主体消失则权利必然消灭。已去世的作者的"人身权"已不再是民事权利，却仍属于知识产权保护范围。这又是知识产权民事权利说所不能解释的。

又如，《罗马公约》在规定关于表演者权的保护时，要求成员国只需要通过法律"防止"他人非法固定表演，就符合该公约的要求了。假设 A 国仅通过刑法制裁侵害人，而不赋予表演者经济权利，也是一种保护知识产权的方式，符合公约要求。[①] 假设在 A 国的侵害人非法固定他人的表演，若刑事诉检机关积极制裁侵害人，则"表演者权"获保护；若该国刑事诉检机关消极对待，则"表演者权"事实上得不到保护。因为 A 国法律没有赋予表演者民事权利，他无法实现民事司法救济。在这种情况下，A 国法律中的"表演者权"是纯粹刑法视野下的法益，不是民事权利。

而诸如民间文学艺术与地方传统医药（传统知识）等，是发达国家主导的知识产权保护国际条约尚未充分重视的领域，但学者呼吁应当将其纳入知识产权加以保护，若将其纳入保护，那么知识产权民事权利说就更难以解释它们了，因为这些"知识产权"没有明确的权利主体。[②] 根据公认的私法理论，民事权利应当至少具备主体、客体、内容三个要素，如果把这些"知识产权"视作"民事权利"，却没有明确的权利主体，明显有悖

---

① 郑成思：《WTO 知识产权协议逐条讲解》，北京：中国方正出版社，2001 年，第 25 - 26 页。

② 匡慧：《传统知识的法律保护分析》，《怀化学院学报》2007 年第 7 期，第 33 页。

法理。

面对如此多的困惑，我们有理由质疑和反思知识产权"私权论"。

二、"权利"与"法益"之辨析

权利，是法学领域内的基础概念，是法律人观察社会，配置自由与利益的思维工具。根据梅因的说法，法学有权利这个观念，应该完全归功于《罗马法》。① 在拉丁语中，法律与权利为同一词语，这一现象表现出天才的罗马人对权利的深刻认识。权利与法律，具有相同的质地，是法在不同视角之映象。受此影响，欧陆语言普遍将法律与权利用同一词语表示。两者合为一词导致法、德、意等国不得不用主观权利（主观法）与客观法的说法对两者予以区分，避免混淆。②

"法不禁止皆自由。"从一般的行为自由来看，一切不违反义务的行为都是正当的，这是对权利最广义的理解。但法学所称的权利不是这样的。法力（Rechtsmacht）学说兼顾权利的利益性与法律保障力特征，这是法学领域内值得赞同的通说③。权利不是利益，也不是单纯的意志力，而是法律规范赋予主体以力量，为实现个人利益，可以要求他人为或者不为一定行为、容忍或者不作为的资格。民事权利，即为实现民事主体某种利益，由私法赋予其法律保障力，而可以要求他人作为、容忍或者不作为的权能。

---

① 〔英〕梅因：《古代法》，沈景一译，北京：商务印书馆，1984年，第102页。

② 〔意〕彼德罗·彭梵得：《罗马法教科书》，黄风译，北京：中国政法大学出版社，1992年，第23页。

③ 梁慧星：《民法总论》，北京：法律出版社，2001年，第77页。

在"权利"之外还有"法益"。"法益"是横跨刑法、民法、行政法的概念。所谓法益，即法律所保护的利益。从广义上来理解，权利无疑是法益的一种。而狭义上的法益指权利以外的法益。一般利益、法益、权利这三种利益，受法律保护的力度依次增强。狭义的法益是介乎权利和一般利益之间的概念，它是一个社会的法观念认为应予保护的利益，对它的保护乃是对违反法律基本理念行为的制止，由于这种利益形态尚不具有法律上可供概括归纳的确定特质，难以类型化，因此它受法律的保护弱于权利①。

法益与权利的区别还不止如此。权利有着严整清晰的"主体—客体—内容"构造，而法益就欠缺这种构造。权利客体须专属权利主体，权利主体有"法力"要求他人对于客体为或不为以实现特定的利益。而法益则往往不由某个主体所专属。如，交警严格执法，使道路交通秩序井然，则人人都享受道路畅通的利益，这是通过行政法的作用实现和保护的法益。假如交警懈怠职权，导致交通混乱，人人利益受损，则难以通过法律手段主张自己的利益，因为在这里并不存在任何权利。此即典型的反射利益。又如死者的"名誉"。死者不是权利主体，不可能享有权利，而人身权利也不能转让和继承。但法律不能放任死者名誉被任意玷污，因而死者名誉便是一种法益。《最高人民法院关于确定民事侵权精神损害赔偿责任若干问题的解释》严格区分活人的"名誉权"与死者的"名誉"，就是很好的例证。死者的名誉并不专属于某个权利主体，如无特定的立法、解释技术将死者的名誉与特定活人联系起来，它也是无法在民法上获得主张的。

"法益"在大陆法系刑法理论中占据核心地位。在行政法理

---

① 熊谓龙：《权利，抑或法益？——一般人格权本质的再讨论》，《比较法研究》2005年第2期，第55页。

论中，主观公权与反射利益是对称的概念，都属于广义的法益。而在私法理论中，民事权利占有无可争辩的核心地位，使得对法益的关注程度远不及权利。尽管民事权利在私法理论中具有不可替代的作用，但权利思维工具并非万能，在私法领域同样有着权利不能解决的问题。民法学家也承认：“私法仅仅依靠权利这一思维手段是不够的。”①

综上所述，权利与法益（狭义）非常相似，都是法律所保护的利益，以致在语言习惯上，许多法益也被命名为"权"。我们可以尊重语言习惯，但必须深究其含义以避免混淆。两者的区别在于，权利在法律上实现了类型化，具有全面而清晰的主客体与内容结构，而法益往往较为模糊，缺少完整的权利构件。可以看成是一般利益向权利转化的中间阶段。笔者上文列举的知识产权实例，其实都属法益而非权利。

"权利"最大的实践意义在于司法救济，权利具有明确的权利主体，任何主体民事权利受到损害，都当然享有民事诉权，能以自己的名义进行民事司法救济。而法益虽然可以通过刑法、行政法保护，甚至是私法的间接保护，但它的关联主体往往不够确定，或者客体、内容较模糊，因而实现民事司法救济比较困难。

三、知识产权"法益论"的理论与实践价值

法律的目标是解决特定社会问题，因而法学需要与其相适应的思维方式，而不是反过来让目的去适应僵化的法学思维。有一种典型的机械权利思维被学者批评为"权利实证主义"②。它的

---

① 〔德〕迪特尔·梅迪库斯：《德国民法总论》，邵建东译，北京：法律出版社，2001年，第64-65页。

② 刘家安：《含混不清的"占有"》，《中外法学》2006年第2期，第240页。

思路是：首先构造出"权利"作为被侵犯的目标，再按图索骥找权利主客体、内容，然后再讨论救济。完全忘记了法权同质同源这一古老思想。这种机械思维要么把死人变成"特殊权利主体"，要么从宪法中惊喜地翻出一个叫"受教育权"的"民事权利"。同样，如果顽固坚持这种机械的权利思维，盲目地认为一切知识产权都是民事权利，那么面对上文所举实例，就必然要碰壁。有的观点强调行政干预远离民事权利，却又不理解知识产权保护为什么在相当程度上依赖于行政执法。其实，如果我们能跳出"权利"的条框，许多难题就迎刃而解了。

从法的社会功能来看，知识产权法发挥着尊重智力劳动，鼓励创新，维护竞争秩序，维护无形财富公正合理分配的功能。尽管"知识产权"越来越名不副实，但知识产权制度一直沿着这条轨迹在不断发展。任何一个主体，在事实上都不可能垄断无形财产。无形财产之所以能够像"物"一样被支配，不过是因为法律授权保护的功劳而已。赋予当事人对无形财产以专有权利，是最早也是最适应现成私法制度框架的选择。世易时移，知识产权保护所承载的担子不断加重，保护外延越来越宽，包含的无形财产类型臃肿而繁杂。乃至其中有部分即使是在法律上也难以实现"专有"，如地理标志、民间文学艺术等。这些客体的保护很难走像商标、版权那样的民事权利化道路。

现代知识产权制度，不仅仅是鼓励创新的问题，更包括如何分配利益的问题。它不仅体现私利与公益的博弈，更体现发达国家与发展中国家利益的博弈。发达国家一直要求发展中国家给予专利、版权、商标较高水平的保护，《TRIPS 协议》就是双方讨价还价而达成的结果。而民间文学艺术、传统医药等《TRIPS 协议》未保护的方面却是中国的长项，如果我们只是在发达国家推动下保护他们的长项，而根本不保护我们自己的长项，那将是国策上的重大失误。① 传统知识、生物多样性等这些新型知识产权的保护，与几百年前西方国家保护专利、版权、商标相比，从内在逻辑上起点就有本质不同。从这一点看，这些新型客体走西方传统民事权利化保护的道路根本走不通。

无论是地理标志也好，民间文学艺术也罢，它们并非民事权利，似乎不能实现对它们的民事司法保护。其实不然。还是以"死者名誉"为例。假设一大学老教授去世后，遭恶意诽谤，那么利益受损的不仅有他的子女、配偶，还可能有他生前的学生、同事、领导乃至单位……牵动众多主体的利益。只要法律、司法解释直接给予其中任何一个主体关于这项利益的诉权，那么死者的名誉即可以获得民事司法保护。我国现行司法解释把诉权直接授予死者近亲属，是一个方便操作，较为公平的选择。类似的还有《著作权法实施条例》关于死者"著作人身权"的规定，虽然用语不准确，实质也是授予诉权的规范。这种法律上没有明确规定权利，但借助诉权"搭桥"而实现法益之诉讼保护的技术，早已出现在罗马法上。权利之诉（actio in ius）即市民为维护法定权利而提起的诉讼，原告应当明确列举得到法律承认的权利。② 但这并非罗马诉讼的全部，还有许多为法律关系、法益设置的诉讼。更值得强调的是，罗马裁判官们可以根据衡平公允原则创制裁判官法（ius honorarium），尤其是授予当事人新的诉权来实现对新型法律关系、新型权益的确认和保护。而以裁判官法为主的万民法是罗马法发展最活跃的部分，真正代表成熟罗马法的内容。③

---

① 郑成思：《知识产权法——新世纪初的若干研究重点》，北京：法律出版社，2004年，第42页。
② 黄风：《罗马法词典》，北京：法律出版社，2002年，第12页。
③ 米健：《略论罗马万民法产生的历史条件和思想渊源》，《法以载道——比较法与民商法文汇》，北京：商务印书馆，2006年，第10–15页。

可见，通过诉权的连接，作为狭义法益的知识产权仍然可以实现民事司法保护。我们要做的，并不是机械地构造一个又一个"权利"，而是去考虑如何防止、阻止和补救侵害。关键问题是如何界定侵犯法益的具体标准，即划定保护的边界，以及将诉权授予哪些主体。既要考虑谁是最直接的利益相关者，又要考虑制度上的可操作性。知识产权民事救济比较特殊，制止侵害往往比事后赔钱更为重要。只要一个诉权主体起诉制止侵害，其他相关主体的法益事实上都因此得到一定的维护。当然，损害赔偿的问题也不能忽视。利益主体众多且不确定的集体性知识产权的赔偿问题，在实体法上需要进一步研究请求权主体以及赔偿的计算方法，在民事诉讼法上需要集团诉讼、公共诉讼机制的进一步发展完善来配合。

在近代，知识产权完成了从特权向私权的转变。在21世纪，它必将开始由私权向法益的转化。本节从实证角度已经证明，部分知识产权是民事权利，还有一部分知识产权是狭义的法益。因此完全可以用广义的法益来统一各种类型的知识产权。法益是横跨刑法、民法、行政法三大领域的共同概念，在此理论基础上不仅能够名正言顺地构筑横跨三大领域的保护知识产权的法律网[①]，加强传统知识产权保护，更能够对民间文学艺术、地理标志等"非典型知识产权"民事司法保护打开一条理论途径。

知识产权法益论，并不是对知识产权私权论的反动。就像相对论力学实现了对牛顿经典力学的包容与超越一样，笔者宁可相信，它是对知识产权私权论的包容与超越。

---

① 在某些地方法院，已经开始了专门开设知识产权庭统一审理涉及知识产权刑事、民事、行政案件的探索。

第四章 民间金融司法与法经济研究方法

第一节 关于民间金融司法的实证调查：以四川为例[①]

一、民间借贷诉讼案件的基本特点和难点

（一）基本状况与特点

2008年1月至2014年6月，四川全省法院共审结民间借贷纠纷一审案件144827件，受案标的额总数为312.2297亿元。审理的民间借贷纠纷案件呈现如下特点：

第一，案件数量逐年上升且增幅较大。2008—2013年，全省法院审结民间借贷纠纷一审案件数逐年上涨，从2008年审结13341件，增至2013年的35172件，年均增速21.40%。2014年上半年全省法院审结民间借贷纠纷一审案件18385件，同比增幅已达23.68%。2011年前，四川高院未受理一审民间借贷纠纷，但在2013年已结案9件，2014年上半年已新受理10件。

第二，诉讼标的额逐年增加，约定利率高。几年来，全省民间借贷纠纷结案标的额逐年增加，从2008年的14.99亿元，增长

[①] 原为四川省哲学社会科学重点研究基地中国金融法研究中心立项资助课题，课题组成员：李世成、罗登亮、李海昕、任雅莉、张帆。执笔人：李海昕。原载于《人民法院报》2014年9月4日。有删改。

至2013年的922498.43亿元，年均增幅为43.83%。案均标的额从11.24万元增加到26.56万元。2013年，攀枝花两级法院审结的675件案中，案均标的额达72.94万元；成都两级法院审结的5204件案中，案均标的额达42.99万元。绵阳、德阳、内江、资阳、乐山地区法院案均标的额均在30万元以上。四川高院2012年受理的一件民间借贷案件，最终调解确定的支付义务达3.72亿元。案件中双方约定高利息的现象逐年递增，无息借贷案件占比很小，一般约定月利率为3%~8%之间，高的可达10%~20%。

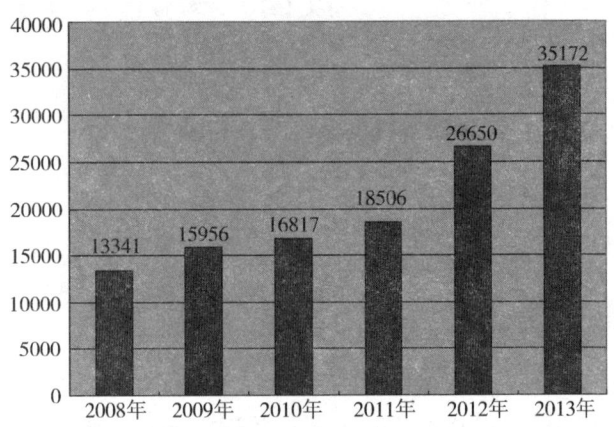

图4-1 四川全省法院民间借贷案件一审结案数

第三，案件调撤率较低。2008—2013年全省法院民间借贷纠纷一审案件调撤率分别为60.00%，63.94%，63.32%，63.95%，65.43%，69.57%，总体略低于全省民事案件调撤率。该类案件事实争议大，认定困难，且利益巨大，调解过程中难以做出让步。同时，一些义务人潜逃现象较为普遍，当事人出庭情况较差，调解工作无从展开。

第四，案件涉及主体广泛，关系复杂。民间借贷包括自然人之间，自然人与从事非金融业务的法人、其他组织之间，从事非金融业务法人、其他组织相互之间的借款，涉及的主体较为广泛。众中案件中,既有普通的借贷,又有与夫妻共同债务、买卖合同、建设工程等问题相关联的借贷。

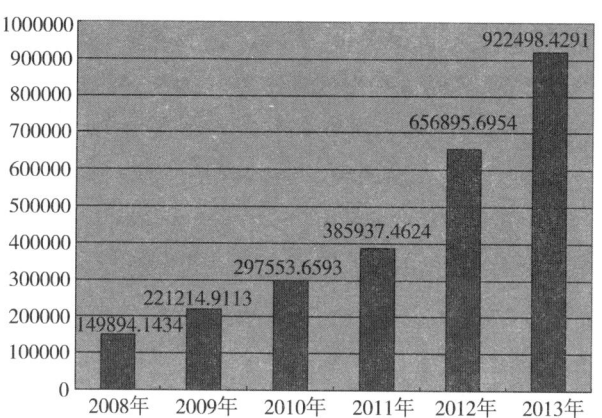

图4-2 四川全省法院民间借贷案件一审标的额(万元)

(二)民间借贷诉讼案件的处理难点

其一,民事纠纷与刑事犯罪交织。司法实践中,民间借贷纠纷常与非法吸收公众存款、集资诈骗等刑事犯罪出现交叉或转化。民营企业向普通公民借债并承诺相应利息回报的现象比较普遍,如经营状况不佳,无力偿还借债,就很容易触及上述犯罪。如何把握民事纠纷与刑事犯罪的界限,是实践中的一大难点。2011年至今,成都法院有数据统计的5个基层法院共审结因民间借贷引发的非法吸收公众存款案4件,集资诈骗案2件,故意伤害案15件,非法拘禁案39件。

其二,案件事实认定困难。司法实践中常遇到民事法律关系性质、借贷主体、利息约定难以认定、举证责任如何分配等难题。一是借贷主体认定难。司法实践中,有些非金融企业为了规避企业拆借无效的法律规定,将实质的企业拆借变为形式上的民间借贷。有些案件还存在借款主体混同的问题,如无法明确界定是个人行为还是代表法人履行的职务行为。即使在个人借贷中,借条上载明的主体也可能不是真实借贷主体。二是借款行为认定难。在民间借贷纠纷案件中，出借人仅持有借条或借款合同、收据，而没有款项交付的其他证据。在直接证据存在疑点的情形下，很难做出正确判断。三是利息约定认定难。当事人出具的借条上往往没有利息的约定，从常理分析，借贷双方无偿借贷的可能性较小，但因无相应证据，即使借款人抗辩借条载明的数额是包括高额利息，或已预先扣除了利息，法院也较难采纳。四是规避法律行为不易认定。多数案件本息约定明确，债权债务关系明晰，但实际上有的原告为规避法律，采取以本息合计方式约定欠款的办法，而不单独列明利息计算方式。五是民间借贷掩盖下的其他债权债务关系难以认定。民间借贷中比较常见的情况是因投资或合伙经营亏损欠款、货物买卖、建设工程转化为民间借贷纠纷。争议双方往往在"收到""借到""欠"等字样上各执一词，难以厘清其真正的基础法律关系。对转化型案件的法律关系能否认定为民间借贷关系难以把握。

其三，审判执行难度增大。一是被告拒不应诉的情况普遍。甚至被告拒签法院应诉文书，变更住所乃至离家外出、下落不明的情形比较普遍，严重阻滞案件办理进程。这对查明案件事实造很大的障碍，法官只能依靠当事人自身的举证认定事实。由此导致案件上诉后被改判、发回重审甚至是再审，有损司法公信力。二是存在虚假诉讼现象。有的债务人迫于某些个别债权人追讨的压力或与个别债权人的特殊关系，双方串通诉至法院，虚构或部分虚构事实，企图对抗其他债权人。三是利率标准和违约损失难确定。司法解释规定，民间借贷利率最高不得超过同类贷款利率的四倍。在约定不明的情况下，是适用中国人民银行利率标准，还是商业银行的利率标准；是适用借款时的利率标准，还是清偿时的利率标准，难以把握。另外，有的当事人在约定较高利率的同时又约定了较高标准的违约金，对利息和违约金是否同时支持，存在不同意见。

二、民间金融司法难题的初步分析

近年来四川地区民间借贷纠纷案件频发、审理难度较大的原因是多方面的，可从宏观和微观两个方面来进行分析。

（一）宏观方面

其一，民营经济发展对民间借贷具有强烈需求。近年来，民间闲置资金过高，投资渠道较少，致使民间借贷非常活跃。研究报告显示[①]，2012年我省中小微企业资金缺口达2000亿元，能够从银行获得贷款的极少，不得不求助于民间借贷。民间闲置资金投资渠道狭窄，与中小微企业融资难的现象并存，因此大量民间资金流向民间借贷是不可避免的。

其二，关于民间借贷的相关法律、政策不协调的问题十分突出。我国对民间借贷活动进行专门调整的立法较少，散见于《民法通则》《合同法》《贷款通则》《最高法院关于人民法院审理借贷案件的若干意见》等法律、行政法规、规章、司法解释中。总体而言，上述规则从借贷关系主体、利率等各个方面设置了严格条件，对以营利为目的的民间借贷总体上呈现出较为严厉的压制态度。但近年来，国家鼓励、引导民间金融的政策意图较为明显。因此，有关法律规定对民间借贷的压制态度与目前国家逐步开放民间资本进入金融领域的政策导向之间存在明显不协调之处，极易产生法律纠纷。

其三，民间借贷行业规范化程度不高，蕴藏较大风险。当前放贷主体既有正规成立的小额贷款公司、融资担保公司，也有处于灰色地带的地下钱庄、专业放贷人，违法违规现象时有发生。

---

① 西南财经大学经济学院、四川省中小企业信用与担保协会、四川奥鑫投资理财信息咨询有限公司联合发布的《四川民间借贷报告（2012版）》。

调查显示,通过民间借贷中介方式的阳光化民间借贷年利息一般在18%左右,非规范年息已超过48%。① 据有关研究报告,到2012年底,全省相对规范化的民间借贷规模约为50亿元,不足整个民间借贷规模的20%②。据此估算,当年全省民间借贷资金总规模约300亿元。以当年全省法院民间借贷结案标的额65.59亿元作为不良贷款来估算,不良贷款率已达到20%左右,高风险性已比较突出。

(二) 微观方面

首先,借款人诚信缺失,而出借人为逐利忽视信用风险。一部分当事人明知自己没有偿还能力仍然借款。而部分资金持有人转向回报率高、操作简单的民间借贷,尤其是高利贷的行列。部分案件借贷利率过高,甚至利息远大于本金。部分出借人贪图他人利益,只考虑以远高于同期银行存款利息的方式来收取高额利润,没有考虑借款人的偿还能力,导致本金及利息都受损。

其次,借贷主体缺乏法律保护意识。部分的民间借贷纠纷发生在亲朋好友之间,借贷双方碍于人情关系而忽略了正常的法律手续或者程序。由于缺乏自我法律保护意识,在从事民间借贷活动中行为不规范,不签订书面合同、不出具借条,权利义务约定不明,导致在实际履行时各执一词,引发纠纷。

最后,对罪与非罪认知不足,导致民间借贷演变为各种刑事犯罪。一些借款人在实施融资行为过程中,对现有法律政策把握不准,特别是对于是否触犯刑律的问题上认识不清,很容易构成非法吸收公众存款、集资诈骗等犯罪。普通民众难以把握民间借

---

① 刘方健、王永其、彭仕忠:《四川民间借贷报告》,《第二届中国民间金融规范化发展论坛(2012)论文集》,2012年编印,第217页。

② 刘方健、王永其、彭仕忠:《四川民间借贷报告》,《第二届中国民间金融规范化发展论坛(2012)论文集》,2012年编印,第217页。

第四章 民间金融司法与法经济研究方法

贷尺度,对罪与非罪认知不足,很容易成为刑事犯罪的受害者。

三、做好民间金融司法的对策

民间借贷案件的妥善审理涉及广大人民的切身利益和民间金融市场的正常秩序,因此人民法院必须针对民间借贷案件审理中的问题,进一步提高案件办理质量。

首先,加强立案审查。加强立案审查是争取司法工作主动的重要环节。对于借款本金和利息、还款时间和金额等证据难以固定,甚至涉及高利贷、涉黑的民间借贷案件,尽可能在立案审查阶段固定借款本金和支付方式、利息约定、有无见证人等证据。对可能存在企业破产、偿债能力严重不足、债权人众多等情况,可能引起不良社会后果的,应加强立案调解力度,并做好社会稳定风险评估工作。对可能涉嫌犯罪的案件,提前加强预判。

其次,提高当事人出庭率。通过规范送达程序,积极寻求当事人踪迹,避免诉讼文书"一寄了之",减少公告送达和缺席审理的适用;合理运用财产保全等手段,促使当事人现身;告知当事人在委托代理人的同时尽量本人出庭,有利于查清案件事实,保护其合法权益。

再次,妥善处理交叉法律关系。对于买卖、加工、建设工程、侵权等其他基础法律关系的债务,以及赌博欠债等非法债务,以民间借贷债务出现的,应当认真甄别其本质。如果涉及其他民事法律基础关系,法院应首先查清其他法律关系;如果涉及刑事犯罪,应当告知当事人向公安机关报案,或将案件移送公安机关。

最后,准确认定借款事实。加强对借据的真实性及合法性的审查,在借条存在疑点的情况下,要加强对借款事实的审查和认定。如对大额度资金的借贷行为,一般应审查资金流转是否真实存在,强化对证据的综合分析,不能仅凭原告提供的借条简单下判。对于高额揽息、预先扣息的违法行为不予保护,防止非法利益合法化。

第二节 民间金融的分配公平悖论：
一种政治经济学的分析[①]

一、民间金融与分配公平问题

2017年7月召开的全国金融工作会议明确提出了金融回归本源，服从服务于经济社会发展的基本思路和政策要求，认为促进收入与财富的分配公平，是经济社会健康发展的应有之义。近年来，以国有商业金融机构为代表的正规金融资源集中现象所导致的金融资源分配不公（或称金融体系"不民主"），受到学界关注。许多学者提出了通过大力发展民间金融（或称非正规金融），以实现普惠金融和金融民主化的建议。其基本逻辑是：通过发展民间金融，破解中小、民营企业融资难、融资贵问题，促进就业，让有储蓄的群众获得更高的财产性收益，从而实现更公正合理的收入分配和财富分配。然而近年来，不少地区民间金融运转的经济风险、法律风险接连暴露。这一现象，已经不仅仅是金融风险防控的问题。从另一个角度来观察，民间金融的发展和金融风险的爆发，事实上是社会财富的大转移——这种转移是违背社会普遍认可的经济效率原则和法律正义原则的，造成了新的收入分配不公和财富分配不公。这就存在一个悖论：既然把发展民间金融作为解决社会分配问题的手段之一，但它的发展却造成了新的分配不公问题。对此，必须做出理论阐述。

关于金融与分配公平之间的关系，Greenwood 与 Jovanovic 在

---

① 原载《人文杂志》，2019年第4期，与李天德合著。有删改。

1989 年发表的《金融发展、增长和收入分配》一文中，通过建立动态的 GJ 模型讨论了经济增长、金融发展和收入分配三者之间的关系，即金融发展和收入分配的关系服从倒 U 型的轨迹，以致 GJ 模型成为库兹涅茨假说的一种扩展形式①。此后，关于金融与收入分配关系的国内外研究不断出现。杨胜刚、侯振兴对国内外有关成果进行梳理发现，大多数学者都认为金融市场的发展有助于缩小城乡收入差距，但目前我国金融市场中的金融排斥现象仍然明显。因此，在我国当前的收入分配改革进程中，应当逐步消除金融排斥现象，充分发挥金融市场的资源配置作用，促进我国居民收入分配的公平化与合理化②。胡德宝、苏基溶也梳理了国内外有关文献，总结出金融发展与收入分配关系的三大观点，即金融发展会缩小收入差距、金融发展会扩大收入差距、金融发展与收入差距之间存在先扩大后缩小的倒 U 型非线性关系。③ 学者们还提出消除金融市场准入壁垒，构建机构多样的金融体系④，放松金融管制⑤、加快金融部门的改革步伐，促进金融中介的发展，构建普惠金融体系⑥的主张。显然，以民间借贷、互助合会、小额贷款公司为代表的民间金融的发展，是符合上述理论建议的。但实践现状表明了理论界对于我国现阶段民间金融发展与收入分配之间的关系的研究是

---

① 方文全：《中国收入差距与金融发展关系的实证分析》，《江淮论坛》2006 年第 1 期。

② 杨胜刚、侯振兴：《金融对收入分配影响研究进展》，《经济学动态》2013 年第 4 期。

③ 胡德宝、苏基溶：《金融发展缩小收入差距了吗？——基于省级动态面板数据的实证研究》，《中央财经大学学报》2015 年第 10 期。

④ 陈刚：《金融多样性与财产性收入——基于增长和分配双重视角的审视》，《当代财经》2015 年第 3 期。

⑤ 江春、江鹏：《金融发展如何更好地改善收入分配：理论进展与中国对策》，《金融发展研究》2011 年第 11 期。

⑥ 杜晓山：《小额信贷与普惠金融体系》，《中国金融》2010 年第 10 期。

不够充分的。并且,认为民间金融发展有助于实现普惠金融进而缩小分配差距,从而实现分配公平的理论见解显然与近年来民间金融发展的经验事实存在一定距离。

二、民间金融发展与分配公平悖论

当今社会收入分配与财富分配问题是社会高度关注的问题。笔者观察认为,我国民间金融在发展过程中,不仅并没有实现预想的普惠金融进而缩小分配差距,实现分配公平,反而事实上推动了财富分配分化现象。财富更加向少数掌握金融平台渠道和信用资源的经营者和关联者倾斜,向不诚信者、违约者倾斜,而诚实的普通储蓄者、劳动者、中小企业家更容易陷入不利的财富分配困境。

(一)财富逐步向民间金融资本集中

高于正规金融融资利率的高利率是民间金融发展中不可避免的现象。一段时期,发生在山东的"于欢案"引起社会的广泛关注,也将该问题暴露在社会公众面前①。尽管民间金融如小额贷款、担保公司贷款等本身并不等同于高利贷,现行法律也有相应的监管措施。但是,事实上民间金融的快速发展也将不可避免地带动其上下游交易以及相应资金流动的活跃。一旦超出有关部门监管能力和视野之外,高利贷现象就不可避免。有调查显示,通过民间借贷中介方式的阳光化民间借贷年利息一般在18%左右,非规范年利息已超过48%。② 就笔者在民间借贷、建设工程案件审判实践中了解的情况来看,中小企业主、中小建设工程经营者等

---

① 徐鹏:《于欢犯故意伤害罪改判有期徒刑五年》,《人民日报》2018年5月7日,第11版。

② 四川省高级人民法院课题组:《完善法律规制规范民间借贷——四川省高级人民法院关于民间借贷纠纷案件的调研报告》,《人民法院报》2014年9月5日,第8版。

第四章 民间金融司法与法经济研究方法

进行民间融资时的利率，高于现行法律保护、允许的民间借贷利率上限（月息2%～3%）的现象相当多见，甚至出现月利4%～6%或以上的现象。有的拆借资金数额相当巨大，可以高达数千万甚至上亿元。这就是说，融资利息率明显超过企业的正常利润率的现象并不少见。这样一来，通过民间金融渠道进行融资的中小民营企业的利息负担就十分沉重。显然，这种局面不仅不能实现信用资源、财富分配更加合理的普惠金融，反而导致财富分配更加向民间金融资本集中。不仅如此，近年来互联网金融发展中出现的各种"现金贷""校园贷""套路贷"现象，其放贷对象已拓展至城市的中低收入阶层、学生、农村居民等群体，其中以砍头息、违约金、滞纳金、利滚利等形式隐藏的高利率，远高于法定的民间借贷利率[①]。而这些缺乏抗拒诱惑能力的"次级"借贷者往往因为发生超出其合理财务能力的融资行为，从而背上沉重的高利息债务包袱。该类型的民间金融不仅不能显著增加低收入群体收入，反而有利于这些群体的财富进一步向民间金融资本集中。特别是其中诱发的暴力催收、勒索、自杀等极端事件和违法犯罪问题[②]，都是财富分配从低收入群体向民间金融资本急剧集中的具体表现。

（二）收入分配向民间金融的就业岗位倾斜

与财富分配向民间金融资本集中相关联的是，某些局部民间金融行业人员收入急剧增加。特别是以P2P网贷为代表的互联网

---

① 方敏：《诱人"套路贷"连环套害人》，《人民日报》2018年5月7日，第11版；赵昂：《遏制网贷乱象不只需要严格监管》，《工人日报》2018年5月7日，第5版；岳品瑜、宋亦桐：《"砍头息"秘而不宣的网贷潜规则》，《北京商报》2018年3月14日，第T22版；等等。

② 范军：《大学生自杀校园网贷亟待规范》，《检察日报》2016年3月16日，第6版；郭建杭：《暴力催收高利贷横行激怒监管"现金贷"整顿风雨欲来》，《中国经营报》，2017年4月17日，第A08版。

金融行业快速发展,导致在一定的时期内相关行业的从业人员收入急剧增加。据媒体报道,有的人员跳槽后年收入翻番;在相关行业里,50万元年薪仍一将难求①,有的网贷企业甚至以年薪30万招聘应届毕业生②。在小额贷款方面,行业的快速发展,也一度导致该行业的从业人员收入迅速提升,业务员月薪超过2万较为普遍,远高于其他一般行业人员③。由于行业从业者直接与民间金融资本建立雇佣关系,在短期内具备较强薪酬议价能力,在财富向民间金融资本集中的过程中,该行业的从业者收入与其他普通劳动者之间的收入分配差距显著拉大,这就成为一种必然现象。这是财富向民间金融资本集中所带来的必然的间接效应。

(三)民间金融违约风险的爆发造成财富分配严重扭曲

从系统角度看,长期处于高利率的民间金融交易是不可持续的,大面积违约实属必然。这种大面积违约以司法系统巨量民间金融民事纠纷和非法集资刑事案件形式出现。据最高人民法院有关研究人员的统计,目前全国民间借贷纠纷案件数量已位居各级法院民事案件首位④。据最高人民法院佟季⑤以及最高人民法院

---

① 金佚:《P2P行业50万年薪招人才为什么还是一将难求?》,凤凰网,http://finance.ifeng.com/a/20140819/12952928_0.shtml,2018年6月16日。

② 戴曼曼:《P2P疯狂校招争抢小鲜肉30万高薪是噱头还是人才荒?》,新华网,http://news.xinhuanet.com/fortune/2015-11/05/c_128397269.htm,2018年6月16日。

③ 叶洁纯、孙景锋:《小额贷款公司迅速崛起相关业务员月薪过两万》,腾讯网,http://gd.qq.com/a/20131029/009291.htm,2018年6月16日。

④ 李明:《当前民间借贷案件飙升的原因、难题与解决》,《中国经济周刊》2018年第3期。

⑤ 佟季:《对全国法院近五年审理民间借贷案件的数据分析》,《法制资讯》2014年第2期。

第四章　民间金融司法与法经济研究方法

信息中心课题组提供的数据①，2013—2015 年，全国各级法院审结的民间借贷纠纷案件数量分别为 69.44 万、85.77 万、127.08 万。从涉案标的额来看，根据有关调查分析报告显示，全国民间借贷案件涉案金额从 2009 年的 61.14 亿元、2010 年的 108.13 亿元，迅速增长到 2015、2016 年的 7126.32 亿元、8887.84 亿元②，呈现爆发式增长态势。而同期全国 GDP、广义货币 M2（末期值）仅分别增长了 2~3 倍。可见，民间借贷案件涉案金额总量，不仅远超同期的 GDP 增速，也远超过同期 M2 的增速（见图4-3）。在非法集资方面，根据最高人民法院向媒体通报的信息，非法集资犯罪案件自 2015 年以来呈井喷式增长，2015 年至 2017 年全国法院新收非法集资犯罪案件同比分别上升 108.23%、36.70%、6.13%。目前案件数量仍保持高位运行③。在"泛亚""中晋""e 租宝"等典型的借助互联网平台和杠杆的案例中，其实质是"以金融创新为名行庞氏骗局之实"④。这一现象可以从民间金融风险爆发的角度来解读。但是从财富分配角度分析，民间金融大面积违约是社会财富分配扭曲、违背基本公平公正要求的不合理"再分配"的具体表现形式。其机制在于，这些融资平台是从社会普通群众处吸收"理财"资金，而向资信较差的企业和个人提供融资，平台从中收取较高利差。在整个民间金融"交易发生—风险积聚—风险暴露"的过程中，掌握民间金融融资平台的某些实际控制人

---

①　最高人民法院信息中心课题组：《2013—2016 年 7 月全国法院审理民间借贷纠纷案件专题分析报告》，《法律适用》2017 年第 2 期。

②　董俊武：《我国民间借贷案件专题分析报告》，《法律适用（司法案例）》2018 年第 8 期。

③　最高人民法院：《非法集资组织化、网络化趋势日益明显》，中国经济网，http://finance.ce.cn/rolling/201804/23/t20180423_28920530.shtml，2018 年 10 月 16 日。

④　党均章：《当前金融风险新热点》，《中国金融》2016 年第 24 期。

可以通过各种合法、非法途径完成资产转移，不诚信的融资者亦通过各种手段逃废债务，最终承担损失的往往都是普通群众。从系统的、总量的分析角度看，无论怎样进行民间金融交易，除去交易成本外，财富总量并不会无端损失。在风险积聚和爆发周期中，财富完成了向违规平台控制人以及不诚信的债务人转移，而承担系统损失的只能是相对诚信的融资者、并没有实际融资的担保者以及末端提供资金的普通储蓄者。尤其是从非法集资类案件司法机关追缴清退的实际来看，非法集资的钱款往往已经用于偿付高额利息和运作支出，受害群众追回资金的比例较低。以"e租宝"为例，其涉案金额为762亿余元，未兑付缺口金额达380亿余元[①]。也就是说，普通储蓄者在民间金融交易活动中不仅没有获得预期的、超过正规金融的收益，其财富反而不合理地分配到了其他不法、不诚信参与者手中。这是违背基本分配公平原则的。

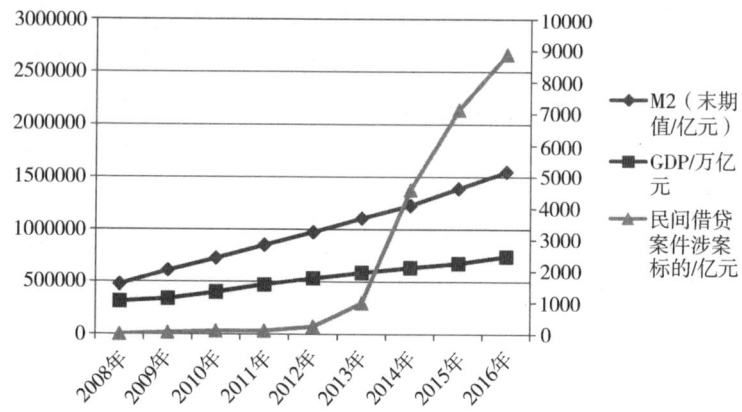

图4-3　全国民间借贷案件案涉结案标的金额与同期GDP、M2增长对比
（GDP与M2数据来源：国家统计局、中国人民银行）

---

① 最高人民法院：《非法集资组织化、网络化趋势日益明显》，中国经济网，http://finance.ce.cn/rolling/201804/23/t20180423_28920530.shtml，2018年10月16日。

（四）推高资产价格间接引起财富分配分化

近年来，以房地产、股票、期货等为代表的资产价格急剧波动，成为财富分配分化的重要途径。而民间金融的快速发展，为资产价格急剧波动提供了直接的推动力。特别是房地产价格的短期快速上涨必然直接导致房地产大量持有者、普通住房拥有者、无房人口之间财富分配差距急剧拉大。在一些极端化的个案当中，一套房地产短期价格波动幅度甚至超过一些中低收入劳动者十年劳动收入的总和[1]。尽管资产价格急剧波动原因是多方面的，但民间金融作为重要推手，其作用不可忽略。这在近期的一些个案中已有所反映[2]。特别是传统正规金融渠道外的民间金融形成的场外配资渠道，为资产投机者提供了突破传统正规金融杠杆率约束的融资支持，形成推动市场信用膨胀和资产价格非理性上涨的重要力量。以房地产交易为例，在民间金融提供的"首付贷"等信用支持下，传统正规金融的"首付＋按揭贷款"模式下的交易杠杆率约束可以轻易绕开，造成资产购买力短期内迅速膨胀。在此过程中，越有机会获取民间融资支持的群体，就越能够获取相应资产价格上涨的收益；杠杆倍数越高，其收益越大，使其与普通劳动者、储蓄者的财富差距迅速拉大。可见，民间金融是间接引起社会财富分配扭曲的重要推动力量。

三、民间金融的收入分配悖论的影响因素分析

当前我国民间金融发展中的收入分配悖论问题的出现，原因

---

[1] 反映此类极端个案的报道、评论文章如毛葱：《我所亲历的北京抢房潮》，http://mt.sohu.com/20160307/n439620558.shtml，2018年6月16日；张洛鸣：《高房价是在制造中产阶级还是在消灭他们？》，http://mt.sohu.com/20161129/n474430995.shtml，2018年6月19日。

[2] 孔祥鑫、方问禹、郑钧天等：《房地产销售乱象依旧，谁在顶风作案》，《新华每日电讯》2016年10月11日，第6版。

是多方面的。既有金融本身的内在规律因素，又有我国当前具体的经济社会的外在条件因素。

（1）以逐利为目的的金融活动具有扩大两极分化的内在趋势。无论民间金融与正规金融，都具有扩大两极分化趋势的内在属性。在市场经济条件下，促成金融交易成交的内在动力显然是交易主体的自利动机。因而金融行业天生就具有"嫌贫爱富""锦上添花"的特性①。无论正规金融还是非正规金融，只要生息资本追求个体收益最大化（或者风险最小化）的趋向不改变，在没有外力作用干预的自由市场条件下，金融交易天然就具有导致贫富悬殊、扩大财富分配差距的马太效应趋势。以借贷行为为例，低资信群体（如中小民营企业、中低收入家庭）与高资信群体（大型企业，高收入、高净值人群）进行比较，通常有如下的特征：①有借款需求但借款数额较小；②财富总量或信用水平相对较低。正因如此，在提供等量借贷资金的前提下，向中低收入人群提供借款，投入交易费用相对较高，违约风险也更高。在政府利率管制且民间金融未放开的条件下，必然导致正规金融机构不愿向低资信群体提供金融支持，而资信较强的主体能够获得成本低廉的金融支持。而在民间金融放开的情况下，融资成本中必然包含对较高的交易费用和违约风险的弥补部分，因而低资信群体即使能够获得民间金融支持，也不可能与高资信群体一样获得低利率金融支持。相反，其面临的往往是极高的融资成本。按照马克思主义政治经济学原理，货币的贷放并不创造价值，利息是生息资本对剩余价值纯粹量的分割②。在生息资本面前，富

---

① 向松祚：《新资本论——全球金融资本主义的兴起、危机与救赎》，北京：中信出版社，2015年，第363页。

② 马克思：《资本论（第三卷）》，北京：人民出版社，2004年，第396、408页。

第四章 民间金融司法与法经济研究方法

者更容易获得低廉的融资,而穷者更难获得融资或者必须支付更高的利息。只要生息资本自利的趋势不变,除非有足够强大的外在干预和调整,无论是正规金融还是民间金融,都不会自然而然地带来"普惠金融",而是自然具有扩大收入差距和贫富分化的趋势。

（2）对逐利性的金融活动进行合理监管规制,是抑制金融活动扩大两极分化的关键手段。有效控制金融逐利带来的分配两极分化问题,关键就在于采取适当的、合理的（也不能过度）国家干预和调整手段,抑制其过度逐利性。在现代法治社会,这种调整干预手段主要表现为法治化的监管规制手段。它至少包括以下方面:

第一,对融资需求者资信资格的限制。这类监管规制的客观结果是,低资信群体难以获得融资支持,在某种程度上导致了金融抑制,这是必须承认的客观事实。这既是不少学者抨击最为集中之处,也是近年来民间金融从地下走向阳光,不断发展的重要背景之一。但是,这种观点忽视了另一个方面。即,在金融市场机制下,如果没有高利率的"激励",生息资本不可能"自觉地"向低资信群体提供融资。相反,生息资本向低资信群体提供融资,具有强烈的突破法律对利率规制的冲动。正是由于对融资者资信资格的限制,才有效防止和避免了低资信群体超出自身必要和不负责任的融资行为带来的沉重高利债务负担,才切断了生息资本向低资信人群攫取财富的渠道。如果轻率地放开这一限制而没有其他配套措施跟进,往往适得其反。这一规律可以从前文提到的"网贷""校园贷""套路贷"暴露出的问题得到印证。

第二,利率监管规制。如果没有有效监管,金融的自由无序发展必然会充满弱肉强食、丛林法则的意味。正如国外学者指出的,"贫富差距越大的年代,政府通过规制借贷利率作为社会财富分配工具的一个注解"①。并且,一个没有政府认真去发展和建立规范体系的金融领域,一定是高利贷盛行的领域。② 因此,适当的利率控制法规,可以防止生息资本利用其优势地位,向中小、民营企业和普通大众收取过高利息,这是抑制金融两极分化作用的重要途径。我国过去对正规金融机构融资利率采取较为严格的限制,近年来有所放开,但仍包含着一定的法律限制③。民间借贷和其他非借贷金融活动通常合法年利率上限为24% ~ 36%④。在其他一些国家或地区,也普遍存在以行政、民事乃至刑罚手段约束监管融资利率的专门法规⑤。如果规制法规能够得到切实严格的实施,则可以起到抑制社会财富分配过度向生息资本集中的作用。

第三,对国际热钱的防范控制。对外资特别是热钱进出我国金融体系进行必要的限制,一方面既是防范金融风险的需要,另

---

① 杜万华:《最高人民法院民间借贷司法解释理解与适用》,北京:人民法院出版社,2015年,第451页。

② 樊纲:《民间金融利弊谈》,《领导决策信息》1999年第12期。转引自高晋康、唐清利:《我国民间金融生态的法制构造》,北京:法律出版社,2011年,第131页。

③ 2015年10月24日起,中国人民银行放开了商业银行和农村合作金融机构的存贷款利率上下限管制。但根据现行司法政策文件和司法判例,正规金融机构的贷款利率(含复利、罚息、滞纳金、违约金等)总计仍不得超过年利率24%。参见《最高人民法院关于进一步加强金融审判工作的若干意见》(法发〔2017〕22号)。并且正规金融机构还受到较强的行业自律约束,其中包括利率自律约束。

④ 根据《最高人民法院关于审理民间借贷案件适用法律若干问题的规定》第26条规定,未实际支付利息的情形,司法提供保护的利率上限为24%,已经实际支付利息的情形,司法承认的年利率上限为36%。

⑤ 域外立法例情况见许德风:《论利息的法律管制》,《北大法律评论》2010年第1期;刘道云、曾于生:《综合立法规制民间借贷研究》,《河北法学》2013年第1期。

第四章　民间金融司法与法经济研究方法

一方面从维护分配公平的角度看，也是防止财富分配不合理地向热钱倾斜的需要。如果对其进出我国金融市场不加以适当的限制，那么它不仅会冲击我国金融体系，造成局部经济过热，扩大金融风险，而且会从财富分配的角度，造成财富分配不合理地向国际热钱和热钱流动渠道倾斜及集中，形成跨境层面的财富分配分化。

第四，其他有关防范违约风险的监管限制。前几种规制手段，除了能抑制金融活动带来的两极分化问题之外，客观上还有助于降低金融活动的违约风险。当然，还有其他防范金融违约风险的法律法规客观上也有抑制分配分化和分配扭曲的作用。如对特定金融活动的准入门槛限制，特别是禁止商业银行之外的机构和个人吸收存款，以及对小额贷款公司等机构提供的单笔贷款进行数额限制，等等。

（3）民间金融活动的监管规制难度相对更大，导致法律法规对分配分化、扭曲的抑制作用难以发挥有效作用。这也是民间金融分配悖论的根本原因。在监管和规制能力、规制资源不足的情况下，纸面上的监管规制法律法规难以有效实施，这就必然放纵民间金融活动在分配分化、分配扭曲方面的负面作用。

第一，民间金融机构（包括个人）数量远大于正规金融机构，监管难度相对更大、成本更高。从实践来看，民间金融监管机构通常是各级政府金融办或金融局，其机构和人员数量极其有限，其监管手段主要是牌照管理。相关牌照发放以后，被监管机构是否自觉控制风险，是否合规，监管部门难以及时掌握，也就不可能有实质性的监管行为，直到大规模风险暴露。并且这些非正规融资机构缺乏正规金融机构的管理机制，法律规避行为十分普遍。如小额贷款公司通过以员工个人名义提供"民间借贷"的方式，规避数额监管限制，隐蔽性很强。由于监管部门人力物力的限制，几乎不可能及时发现和约束此类问题。

第二，民间金融机构的民营性质使其缺乏与正规金融机构相当的组织管控力。在我国，正规金融机构多为国家控股或参股企业。虽然资产保值增值是这些企业的基本行为目标，但在现行政治、经济体制下，执政党和政府对这些企业的组织力、控制力相对较强，执行公共政策和法律也是这些企业的重要行为目标，构成了对逐利冲动的有力限制。民营、外资控制的正规金融机构，虽然组织力、控制力相对较弱，但行政监管总体上能够基本覆盖。但对于民间金融市场上的众多民营机构和个人而言，则几乎不存在这种组织力、控制力，也就难以有效约束其突破规范限制的逐利冲动。

第三，民间金融利率监管规制比正规金融难度更大，效果更有限。我国对民间金融的利息限制主要在最高人民法院的司法政策或司法解释文件中加以规定。并且对高利贷的民事法律规制采取"超出部分无效"的调整规则，使高利贷提供者至少可以获得24%～36%的"保底"利息收益。由于法院审判"不告不理"的被动性原则，人民法院既无权主动干预高利融资交易，也无权对案件是否存在高利展开主动侦查，因此不少在表面证据之下难以查证的高利行为事实上获得了隐藏，客观上也就获得了认可和保护。何况，"高利贷"行为并未纳入刑事犯罪立法范畴，公安、检察机关也无权主动打击。这样的制度设计事实上放任了民间金融活动中的隐性高利融资行为，这等于间接放任了财富向民间金融大资本的不合理转移。

第四，民间金融在合规方面面临更大的"囚徒困境"，从而诱发严重的道德风险、逆向选择。正是由于民间金融监管难度大，监管效果有限，因此，如果民间金融经营主体诚实合规经营，就会迅速被市场淘汰；如果铤而走险，只要风险不暴露，就能够获得巨大利益。实践中暴露问题的民间金融机构，往往事先是"合规"经营，但随着民间金融市场的无序竞争压力，也被迫进行违法违规操作。甚至，由于规模扩大，逐渐形成了民间金融与正规金融的竞争局面。但实际上这种"竞争压力"并不会直接带来人们预想中的正规金融服务改善、效率提高的正面效应。相反,它会刺激正规金融体系内的资金转入灰色、"非正规"渠道(如表外理财等传统监管渠道以外的地方)中去,造成整体金融秩序更加混乱。这就形成负反馈不断增强的恶性循环,乃至一些民间金融行为有发展成欺诈和掠夺的趋势。

第五,难以监管的民间金融可能成为国际热钱进出的"管涌",形成跨国财富分配的扭曲现象。处于地下灰色地带的金融组织,事实上充当了境外资本输入输出的流动性的"管涌"和"毛细血管"。特别是近年来美元进入走强周期后,民间金融等非正规金融又充当了国内外游资外流的渠道①。由于国内民间金融的利息普遍较高,而国际热钱融资成本较低,那么在这一过程中,整个财富分配就形成了向国际热钱和境内灰色民间金融渠道组成的金融链条倾斜的局面,形成跨国层面的财富分配不公。

(4)信用体系"公共品"的不健全,是造成民间金融分配悖论的重要背景。我国目前的信用体系建设还很不完善,个人和企业信用状况,是否诚信,是否守约,信用优劣难以准确区分。并且,债权人维权成本总体较高,债务人违约后的司法强制执行效果总体比较有限;在很多情况下,恶意的债务人事实上可能通过失信违约获得"利益"。这从两个方面导致了民间金融活动的财富分配问题。具体机制如下:一方面,由于信用体系的极不健全,正规金融机构往往不敢为中小企业等低资信群体提供融资,低资信群体普遍面临融资难、融资贵现象。这样一来,掌握民间金融渠道的机构、个人不仅有很强的动机以高利息来弥补债务人

---

① 参见路透中文网:《中国组织资金外流频频设卡,但隐蔽通道防不胜防》,http://cn.reuters.com/article/china–capital–flow–regulation–idCNKBS1390C9,2018年1月5日。

违约风险，而且往往对低资信群体在融资成本方面上具有较强的议价能力，而融资需求者往往只有被动接受。另一方面，这些掌握民间金融渠道的机构、个人的资金源头，往往是社会的普通储蓄者。由于我国信用体系的不完善，资金提供者难以分辨资金需求者的资信，普通储蓄者通常难以通过直接融资的方式向中小企业融资。因而掌握民间金融渠道的机构的高利诱惑很容易吸引普通储蓄者。然而，这些民间金融机构、个人资金链即使断裂，司法执行事实上也难以有效到位，并且信用惩戒措施总体上有限，有的甚至可以通过"一跑了之"逃避责任。这就推动了普通储蓄者的财富以非法的方式完成再分配。由此可见，由于信用体系这一"公共品"不健全，间接导致了掌握民间金融渠道的机构或个人在对资金需求者和资金提供者两个方向上都占据了极大的分配优势。虽然类似优势也存在于正规金融机构，但正如前文所提及的监管体系健全程度以及实际控制力、执行力的差异，从而使民间金融活动带来的分配不公和分配扭曲更加明显。

四、规范民间金融发展的对策建议

以上阐述了民间金融发展实践中的分配悖论的内在机制。基于以上的思路和结论，结合立法、司法实际，特提出以下具体对策与建议：

（1）摈弃正规金融与民间金融的"标签化思维"。充分认识正规金融与民间金融共通的内在属性，不以正规金融或民间金融的身份标签来对是否有助于实现分配公平进行简单判断。既要避免对民间金融的歧视，也要避免对正规金融的反向歧视。正如一些学者所提到的那样，应当防止金融领域的"民粹主义"[①]，应

[①] 时吴华：《金融国策论》，北京：社会科学文献出版社，2015年，第373页。

当看到民间金融产生、发展的时代背景,不一概否定其合理性,通过适当的制度和措施加以引导,以达到缓解"分配悖论"的目的。

(2) 根据不同金融形势和监管条件,合理确定民间金融开放水平。从短期看,由于政府监管、行业组织自律监管受制于监管资源的刚性约束,且外部金融安全环境短期内难以改变,民间金融的开放程度应与当时的监管资源和金融安全形势适度匹配,防止系统性风险和严重的财富分配分化和扭曲;从长期来看,在国家监管能力和配套政策等条件成熟时,稳步扩大民间金融开放水平,使民间金融发挥其"普惠金融"的正面作用,减少加剧两极分化的负面作用。

(3) 同步推动正规金融市场准入开放建设与完善监管合规建设。从长期看,应当扩大正规金融市场的开放准入,推动正规金融与民间金融的统一与融合,使民间资本有资格参与正规金融市场,将民间金融中适合进行正规化改造的群体改造为正规化金融机构。同时,必须加强对这类正规化的金融机构纳入有效的监管范围,强化合规建设,尽可能使其发挥普惠金融作用。

(4) 在技术创新的基础上推进金融监管方式创新和制度创新。没有充分的技术条件支持,"加强监管"就很难落实。应当加强政府、自律监管组织的信息化应用和技术创新,特别是人工智能、大数据等技术的应用,创新金融监管手段。加强公益性的信用基础设施建设,降低监管成本,克服资源瓶颈,提升监管资源上限,环节逆向选择和道德风险问题,有效改善对民间金融和正规金融的监管效果。

(5) 更好地发挥政府的资源配置作用,形成对普惠金融的正面激励。单靠市场力量几乎不可能实现普惠金融。这就必须在尊重市场配置手段的决定性作用的前提下,发挥政府在资源调配上的作用。不仅要进行相应监管,更应当完善激励制度,使信用资源主动流向中小民营企业、中低收入者等资信水平较弱的主体,推动实现普惠金融。

(6)完善对地下违法金融活动的制裁措施。将各类无金融经营资质、未纳入正式监管体系,以放贷融资为常业的地下钱庄、职业放贷人,也纳入行政机关和司法机关主动追究和打击的范围[①];将高利贷行为纳入监管部门依法取缔和制止的范围。在民事法律上,对高利贷交易行为采取整体法律无效,而不是"利率超出部分无效",以防止恶意规避利率限制的行为。

---

① 如有的人大代表提出新增"非法放贷罪"。单一良、姚炎中:《全国人大代表厉莉:建议增设"非法放贷罪"》,《人民法治》2018年第4期。

第五章　司法资源配置与经济研究方法

第一节　人民法院"案多人少"的政治经济学解释

一、政府与市场："案多人少"政治经济学观察

随着改革开放以来我国社会经济的不断发展和法治建设的深入推进，进入法院系统的各类案件数量越来越多。根据有关统计资料，全国各级人民法院系统的年受理案件数量，已经从1978年的61万余件，增长为2015年的1952万件，在38年间，人民法院年受理总数增长了30多倍。与此相对应的是，我国法官人数从1978年的6万余人增加到近20万人，仅增长3倍多，明显低于同期案件数量的增长速度①。也就是说，人民法院法官人均受理案件压力在38年间增长了10倍左右。从2016年度最高人民法院工作报告看，2016年全国法院系统受理案件总数已达2305万件，而法官人数近21万（实行员额制改革前的数字，员额制改革后降为约12万人）。由此，"案多人少"问题近年来逐步成为人民法院系统和社会关注的话题之一。由于案件任务较为沉重，一些法院法官积劳成疾引起的死亡事件也时有发生。如据

---

①　数据来自胡仕浩、马渊杰：《2016：人民法院司法改革综论（下）》，《人民法院报》2017年1月1日，第1版。

2017年最高人民法院工作报告，2016年至2017年一年时间内，就有周卫东、侯铁男等36名法官积劳成疾，英年早逝。并且从近年来最高人民法院工作报告来看，各地法院法官人员流失、招聘难问题也成为较突出的现象。从以上的数据、现象来看，人民法院"案多人少"是一个明显的事实，并且它伴随我国改革开放的历史进程，特别是建立和完善社会主义市场经济体制的历史进程，逐步发展和凸显的一种历史现象。建立和完善社会主义市场经济体制，核心问题是正确处理政府与市场的关系。"案多人少"问题是一个司法理论与实践问题，"政府与市场"是一个政治经济学理论与实践问题。本节拟将两者进行结合研究，从"政府与市场"关系的角度对"案多人少"现象进行分析解释并提出初步的建议。

关于当前人民法院普遍面临的"案多人少"问题，也有不少学者综合运用法理学、经济学、社会学等学科的理论和思想给出了分析和解释。苏力（2010）认为，创新和加强审判管理固然是化解"案多人少"的一个手段，但必须在社会管理大系统和大背景下来研究宏观的审判管理，回答"案多人少"。要有效回应"案多人少"，最重要的不是大量增加法院人手，而是大幅提高诉讼收费。他提出"案多人少"反映的就是司法中隐含的市场经济规律。政治决策部门当然应当有综合的政治考量，不可能完全忽视市场因素和价格规律；另外，还必须进一步降低纠纷人诉诸其他纠纷解决机制的成本（收费、难度、时间）[①]。姜峰（2015）对理论和实务界流行的关于"案多人少"的四个原因——"公民权利意识的增强""司法便民措施的采用""若干新法的颁行""法官数量过少"进行了批评。他认为这四点因素虽不同程度存在，但根本上是公共政治审议机制萎缩、公民缺少

---

① 苏力：《审判管理与社会管理》，《中国法学》2010年第6期。

第五章 司法资源配置与经济研究方法

诉求表达方式、矛盾纠纷拥堵至司法领域的不同表现。因此他认为,以增加人力、财物供给和优化内部管理体制为路径的司法改革设计是有局限的①。尤陈俊(2013)通过对清代、民国与当代中国司法审判领域供需矛盾的比较分析,认为"案多人少"并非当代中国的新问题,在清代和民国时期,不少地方的司法机关都曾面临"案多人少"的严峻考验。当代中国若要务实有效地应对"案多人少"的问题,并不能简单地寄希望于大量扩充法官编制和增加法官人数,而是需要对现有的制度资源进行重组优化,以及妥善地利用包括"调解"在内的各种话语资源来弥补可供利用的现有制度资源的不足②。

关于"政府与市场"的关系问题,长期以来政治经济学领域已取得了不少的研究成果。随着党的十八届三中全会提出"使市场在资源配置中起决定性作用和更好发挥政府作用"后,有关如何处理好"政府与市场"之间的关系的研究有了进一步的深入拓展。洪银兴(2014)认为,政府应当着力从三个方面发挥自身作用:在推动发展方面,政府作用需要同市场机制作用相结合;在克服市场失灵方面,政府作用要尊重市场决定的方向;在提供公共服务方面,政府作用要尊重市场规律,利用市场机制③。

综合来看,尽管目前分别对政府机制与市场机制进行研究的成果已经有一定数量,但将两者进行交叉结合研究,深入分析研究两者之间的规律性关系的文献却极少。司法审判,特别是涉及

---

① 姜峰:《法院"案多人少"与国家治道变革》,《政法论坛》2015年第3期。
② 尤陈俊:《"案多人少"的应对之道:清代、民国与当代的比较研究》,《法商研究》2013年第3期。
③ 洪银兴:《论市场对资源配置起决定性作用后的政府作用》,《经济研究》2014年第1期。

经济关系、财产关系的民商事审判①，是政府②（广义上的）对市场和社会进行调控干预的重要手段，也就是国家权力行使的重要方面，属于上层建筑范畴，也是政府"有形之手"的重要方面。马克思关于经济基础与包括司法活动在内的上层建筑之间作用与反作用的论断，是历史唯物主义的基本概括。从历史事实来看，"案多人少"问题是伴随着"政府与市场"关系的演变而逐步产生、发展的历史性现象，必须结合经济发展史的"中轴线"来予以观察分析。因此，从政治经济学"政府与市场"关系的角度来理解司法审判的经济性质及其支撑司法审判的客观物质条件，进而分析、解释"案多人少"问题，不仅可能，而且非常必要。

二、司法审判的政治经济学性质与特征分析

按照通常的政治经济学理论与实践，政府对市场的管理手段可以分为经济手段、法律手段和必要的行政手段③。法律手段是指政府依靠法制力量，通过经济立法和司法，运用经济法规来调节经济关系和经济活动，以达到调控目标的一种手段。法律手段内容包括经济司法和经济立法。在司法方面，国家对经济的调控主要是指人民法院、人民检察院依法对在经济活动中出现的纠纷案件以及经济犯罪案件进行审判和检察的活动。④ 国家通过经济

---

① 当然，也包括相关的刑事、行政审判以及强制执行，下文不再单独说明。

② 本文所称"政府"是指在政治经济学意义上的国家公权力，也就包括立法和司法范畴，并非局限于法学理论意义上行使行政权力和行政管理职能的行政机关。

③ 参见党的十四届三中全会通过的《中共中央关于建立社会主义市场经济体制若干问题的决定》。

④ 张宇：《中国特色社会主义政治经济学》，北京：中国人民大学出版社，2016年，第227页。

第五章　司法资源配置与经济研究方法

立法和经济司法活动来规范各类经济活动主题的行为，限制各种非正当经济活动，使国民经济正常运行①。由此，人民法院通过刑事、民商事、行政审判和执行活动，惩罚和制裁经济犯罪，调整经济利益关系，纠正侵权、违约行为，是国家和政府行使经济调控职能的一个重要方面。

（一）司法审判手段作为政府配置资源手段的基本特点和性质

第一，配置的启动具有中立被动性质。按照法律理论，司法审判具有中立、被动的特征，即法院依照法律独立行使审判权。理论上，应当平等对待不同的市场主体，包括不同所有制的企业，也包括行政机关，不偏不倚。在案件审理上，人民法院应当坚持"不告不理"原则。即，市场主体、检察机关没有依照法定程序将民商事、行政案件、经济犯罪案件提起诉讼的，人民法院不得主动启动司法诉讼程序，做出裁判。也就是说，人民法院在没有依照法律程序的起诉行为时，不得主动干预社会的资源配置，这是与行政机关的宏观调控与微观执法行为最明显的不同之处。

第二，配置的依据主要是市场交易规则。从现行司法制度规定看，经济司法审判主要包括刑事、民商事和行政诉讼三种类型。从绝对数量上，民商事案件占据绝对的大多数。人民法院通过审理这类案件对资源进行配置的依据，显然是国家民商事、经济法律，如合同法、物权法、侵权法、公司法、证券法、票据法、建筑法等。这些法律规则主要是调整平等的经济主体在市场交易中的权利义务关系的法律规则，即市场交易规则。当然，这些法律规则中，也有少数是体现国家对经济秩序进行主动干预和政策调整的规则，但总体上是通过调整市场交易主体之间权利义务调配

---

① 杨瑞龙：《社会主义经济理论》，北京：中国人民大学出版社，2008年，第316页。

来实现的。涉及经济资源配置的刑事案件主要是经济违法行为超出民商事法律规则调整范围，具有社会危害性，应当采取刑罚手段进行调整的案件。涉及经济资源配置的行政案件主要是对行政行为涉嫌损害经济主体合法权益，进行合法性审查，防止行政机关妨碍正常的市场交易活动。因此，人民法院通过这类刑事、行政案件的审理进行资源配置，从根本上的依据仍然是市场交易规则。

第三，配置主要作用于微观领域。人民法院经济司法审判活动，主要是从微观上对资源的一种配置。与西方国家特别是美国的情况有所不同，我国人民法院的经济司法审判活动主要是从微观上对市场资源进行配置，主要是对遭受侵权、违约的市场主体进行救济，纠正因违反国家民商事、经济性法律、侵犯产权或公认的市场原则惯例等不当行为造成的资源错误配置。尽管一些地方法院在某些典型案件的审理行为或者较高层级的法院发布指导性案例的行为，对某一类型的市场资源配置有一定的抽象的、类型化的规制作用。但总体而言，经济司法审判对经济资源配置的调整和干预主要是微观上的。宏观领域的干预调控主要由人民政府（狭义）及其主管经济的行政机关、部门承担。这与人民法院及相应行政机关、部门所掌握的有关经济的知识、信息的具体情况是相适应的。

第四，终局性和权威性。司法审判是社会公平正义的最后防线，人民法院做出的生效法律裁判具有既判力，并且能成为国家司法强制执行的执行依据。因此通过经济司法审判进行的经济资源配置结果，具有终局性、权威性的特征。经济主体通过经济司法审判这一资源配置方法，借助国家强制手段来实现自身的经济利益。

（二）司法审判手段作为政府调控手段的不足之处

司法审判作为政府行使对经济资源配置的一种手段，尽管与行政机关、立法机关的相应行为的具体性质规律有所不同，但在遵循相应的司法规律，尤其是在调控手段的缺陷上，与政府具有

第五章 司法资源配置与经济研究方法

相似性。

第一,信息的有限性带来的资源错配的可能性。人民法院审理相应经济关系、财产关系案件并做出裁判,必须以相应的事实及其证据作为依据,即诉讼法律制度的"证据裁判"原则。由于"证据裁判"原则以及证据法律规则的约束,以及参与诉讼的当事人法律知识运用能力、证据收集能力存在差异(包括是否具有充分的经济实力聘请到素质较高的法务人员、律师作为代理人)。人民法院在审理相应案件时,所认定的案件"法律真实"与"客观真实"通常存在或多或少的差异。转换成经济学话语就是,司法机关发现纠纷案件裁判有关的信息(也就是市场信息),进而做出正确的资源配置决定,不是一个无成本的过程,而是一个成本较高甚至极高的过程。由于现实中人民法院和当事人掌握的经济资源有限所造成的成本硬约束,因此不能充分发现和掌握相应信息。换句话说,尽管追求司法公正是一种理想,但由于有关司法的各种资源硬约束,实现100%的案件绝对准确、公正地查明纠纷事实,并且以此依法对侵权、违约等违反市场规则行为而造成的资源错配进行完全准确的纠正、纠偏,事实上是不可能做到的,也不符合效率原则[①]。在这一点上,经济司法审判与政府配置资源的缺点是相似的。

第二,资源配置的时滞效应。经济学理论对政府做出决策往往比私人部门慢得多的时滞效应原因的解释主要是:(1)认识时滞;(2)决策时滞;(3)执行与生效时滞。这一解释对于经济司法审判而言,具有共通之处,也有一定的特殊性。相比市场机制下市场主体自主决策、自觉履行的高效配置资源相比,形成

[①] 但这类案件也不能都定义为错案、瑕疵案件。这是因为这些裁判结果与客观真实存在出入的案件,也是依照法律特别是程序法律和证据法规则得出的结论。

司法诉讼纠纷的经济关系、财产关系，审理、执行周期较长，因而通过司法途径进行资源配置的时滞效应是比较明显的。通常对侵权、违约纠纷案件的处理，短则数十天、长则一两年甚至更长的时间。由于诉讼法律制度对程序正义的追求取向，必须平等保护双方当事人的合法程序权利，由此带来的负面效应就是负有义务的当事人往往倾向于利用自己的程序权利来拖延诉讼，如滥用管辖权异议、滥用举证期限、故意下落不明、故意不配合诉讼、恶意转移财产等。当事人完全在法律上实现自身权益时，往往已经付出了很高的时间成本。这就是社会上时常有所反映的"迟来的正义是非正义""赢了官司、输了时间"的现象。

第三，决策评价标准不确定和决策成本外部化。正如斯蒂格利茨在《政府为什么干预经济》（1998，中译本）中所说："在指导资源配置方面，价格起着重要作用，完全市场的缺乏意味着，市场里没有合适的价格指导资源配置，但是在公共部门里，不存在指导资源配置所需的价格。"[①] 斯蒂格利茨的这一论断虽然主要是针对行政机关（狭义的政府）而言的，但对经济司法审判而言，也有其适用性。这是因为，从法学理论上看，尽管存在理论上的立法（制定法律规则）与司法（适用法律规则）的差别，法院审理经济、财产纠纷案件有法律规范作为基本的约束和依据，但在实践中适用规则与制定规则两者之间的界限往往存在模糊地带。即使是在成文法国家，由于人类成文立法智慧的有限性、人类语言文字本身含义的不确定性，在具体纠纷案件的处理当中，不同的法官对现有法律条文也可能出现不同甚至差异较大的理解，法官适用法律的本身就是对具体法律规则的确认甚至是创制。另外，当事人的举证能力和法官对证据的采信也是一种

---

① 〔美〕斯蒂格利茨：《政府为什么干预经济》，郑秉文译，北京：中国物资出版社，1998年，第104页。

第五章　司法资源配置与经济研究方法

不确定因素。因此从市场主体的角度来看，法院和法官在审理案件，也就是决定经济资源配置之时，尽管都是"依法裁判"，但不同程度地存在着最终结果的不确定性。而这种资源配置决策，并非通过市场价格机制进行，其造成的成本，一般而言是由纠纷当事人来承担的，而不是由法院和法官来自行承担的①。

第四，高成本问题。正如以上所分析的，经济司法审判作为一种资源配置手段，依赖于准确的相关信息和较长的处理时间，并且存在错误配置的可能性，这就导致了经济司法审判活动的高成本特性。这一成本不仅由司法机关承担一部分（如司法机关人财物方面的正常运转，最终转移向全体纳税人承担），而且当事人私人也要承担一部分（因诉讼而不能从事生产的机会损失、调查取证的各项费用、律师费用，证人、鉴定人等人员的费用）等②。

三、人民法院"案多人少"成因的政治经济学分析

如前所述，人民法院的经济司法审判活动是市场机制以外政府配置资源的一种手段，通常是一种微观手段。"案多"，即人民法院受理的各类涉及经济关系、财产关系的案件日益增多。这既是一种法律现象，也是一种经济现象。它代表人民法院承担的经济司法审判任务日益繁重，也就是人民法院对市场资源配置所承担的干预、调控的微观职能任务日益繁重。随着改革开放以

---

① 当然，法院和法官行为明显违法，构成国家赔偿情形的除外，但这种情形范围较窄，也比较少见。在现行司法责任制条件下，如果法官审理的案件被二审程序、审判监督程序改判（一定意义上就被定义为有错或有瑕疵），则会在某些程度上影响法官的审判业绩和间接影响收入，但这种影响与其决定的资源配置所造成的成本相比，往往微不足道。

② 王福华：《论民事司法成本的分担》，《中国社会科学》2016年第2期。

来，我国关于政府与市场关系认识和把握的不断发展，市场作为资源配置手段的作用和地位不断提升。既然我们越来越强调依靠市场在配置资源中的决定性作用，为何司法所承担的调控干预作用越来越繁重？从全国各级人民法院受理案件的增长数量来看，各类纠纷案件增长的速度，与同期我国经济总量增长是同步的。但经济总量和财富总量的增长，从理论上并不当然导致经济矛盾纠纷总量的增长，必须结合经济发展过程中矛盾冲突产生的微观原因及其化解渠道来进行考察。本节从以下几个方面对此提出假说，并加以理论分析和论证。

（一）司法纠纷案件快速增长、高位运行，是配置资源的基本力量从政府逐步转向市场的历史必然产物

在国家指令性计划对资源配置起主导地位的条件下，资源配置行为主要体现的是行政机关或部门的单方意志，企业等经济主体并非真正的资源配置行为的决定主体，而只是代表国家对相应经济资源进行配置的具体执行者，经济主体自身也并不对这些资源配置行为的决策承担责任。因此在此种情况下，经济主体之间并不需要明确、清晰的调整资源配置的民商事法律规则来调整它们之间的关系，围绕资源配置问题发生利益冲突和法律纠纷的动机比较弱。当然，围绕资源配置问题，不同的经济主体之间存在矛盾和纠纷的情况，或多或少都会存在。由于不同经济主体最后都必须服从于"国家"这个最终的资源配置者，那么不同的经济主体必然有其共同的上级行政主管机关。此时，肩负资源配置职能的行政主管机关同时也就当然肩负起矛盾纠纷协调化解的职责。可以设想一下，如果拒不服从行政机关相应的矛盾纠纷化解安排，相应的经济主体（包括实际负责人）所承受的经济代价、政治代价都是难以承受的，显然不是理性的经济决策。这就决定了，在国家计划占主导地位时期，国家行政主管机关在化解经济主体之间矛盾纠纷方面，权威性和执行力都极强。并且相比今天

的司法审判途径，矛盾纠纷的化解效率也非常高。在这种条件下，这些涉及经济资源配置的矛盾几乎不会进入司法诉讼程序，因而人民法院所承担的经济司法审判职能非常弱。

在市场配置资源占主要作用的历史条件下，情况则相反。一方面，企业等经济主体获得了相对独立的生产经营者地位，行政主管机关纵向资源配置经济关系趋于松弛，经济主体以自己的意志参与市场，维护自身利益的动机明显增强，这就大大增强了企业成为经济冲突主体的机遇①，这在源头上增加了经济矛盾纠纷发生的可能性。另一方面，更值得注意的是，由于行政主管机关直接通过指令性计划配置资源的职能减弱（目前已非常少见），相应它对各类经济主体（即使是公有制企业）决策行为的直接影响力和权威性当然相应减弱。因此国家行政机关所承担的有关经济资源配置的矛盾纠纷的职能也相应弱化。地方政府职能部门因此逐步退出了矛盾纠纷化解领域。与此相对应，从经济主体追求自身利益的角度考虑，此类纠纷必然大量走向法律途径获得解决。又由于司法所具有的权威性和强制执行力，大量经济利益纠纷涌入法院，就不可避免了。

（二）司法纠纷案件快速增长、高位运行，是市场配置资源功能发挥尚不完善的阶段性现象

通过上面的分析，经济纠纷案件大量涌入法院，是我国经济体制改革过程中，资源配置方式从政府计划向市场调节过渡过程中的一种现象。但是，法院司法审判所承担的资源配置职能，仍然是政府对经济资源配置方式的一种，也属于有形的那只手，并非"看不见的手"。从历史的、发展的观点来看，它实际上构成了对行政机关指令性计划资源配置的某种"替代"。这种"替

---

① 顾培东：《中国现实经济冲突及其诉讼机制的完善》，《中国社会科学》1990年第4期。

代",应当一分为二地看待。

从正面来看,民商事、经济法律制度是在市场经济条件下,经济资源如何在不同经济主体之间进行配置,也就是如何界定产权的各项规范,它是市场这只"看不见的手"发挥作用的必要手段。正如法律谚语所说,"法律是不说话的法官,法官是说话的法律"。经济司法审判活动是民商事、经济法律制度规则通过司法机关的具体化表达。在市场经济的理想状态下,市场主体应当自觉遵守和执行民商事、经济法律的各项法律权利义务,从而实现经济资源的自动优化配置。但在经济实践中,由于信息不对称、不完全,或者因为成文法律制度规定、当事人契约合同约定存在漏洞等各方面因素,出现了侵权、违约等机会主义行为或者争夺剩余索取权等市场配置失灵的情况,需要法院通过发挥经济司法审判职能进行纠正,帮助市场恢复其正常的资源配置作用。从这个角度来看,人民法院通过经济司法审判手段来配置资源,在内容和性质上,与政府指令性计划的配置手段有本质区别,它是依照民商事、经济法律制度即市场交易规则来配置资源,与市场配置手段在内容上具有相似性,我们可以说它是对市场机制的一种拟制,是对市场机制应当发挥作用而实际没有发挥的一种强制性纠偏。因此大量经济、财产纠纷进入法院,这是资源配置从"计划"到"市场"的必然结果。

从反面看,尽管人民法院的经济司法审判配置作用在很大程度上替代了政府指令性计划的配置作用,有其积极意义,但是,经济司法审判毕竟属于政府"有形之手"的范畴。市场发挥作用的机制主要是价格机制、供求机制和竞争机制。大量的经济纠纷涌入法院,这说明市场经济运行实践中,民商事、经济法律规则没有得到很好的自觉遵守和执行,不得不由国家司法机关动用强制执行力来帮助甚至部分替代市场机制发挥作用。换言之,这说明通过市场手段实现价高者得的价格机制、自动调节供给和需求的供求机制，惩罚违约、侵权行为的优胜劣汰的竞争机制，都没有充分发挥其有效作用。如前所言，经济司法审判是一种较高成本的资源调节手段，在同等条件下，经济司法审判对资源的配置效率明显低于市场自发的资源配置效率。如果市场经济的运行大量依赖高成本的经济司法审判作为运行的动力，那从社会整体而言，由市场来发挥对经济资源配置起决定性作用，就很难说是有效率的。这也从另一个角度说明，市场那只"看不见的手"还没有充分地发挥其作用。因此，从这个角度而言，司法纠纷案件快速增长、高位运行，实际上是经济体制从计划向市场过渡以后，市场调节机制发挥不完全、不到位、不完善的一种现象。

（三）司法纠纷案件快速增长、高位运行，说明现阶段政府在配置资源中发挥的作用还存在结构性缺陷

在社会主义市场经济条件下，发挥市场对资源配置的决定性作用，显然并不是不要政府作用，也不是简单的非黑即白的"小政府""弱政府"。在明确市场对资源配置起决定性作用后，更好地发挥政府作用的重要方面是政府由资源配置的主体变为资源配置的监管者。尤其是要承担起完善市场机制、建设市场规范的职能，建立有效的契约制度和产权制度，建立公平交易、公平竞争的市场规则，建设法治化的营商环境。① 只有政府在这些方面进一步强化职能，才能促进和保障市场自动地通过价格机制、供求机制、竞争机制来实现资源配置的优化。实践当中，大量经济、财产纠纷涌入法院，由经济司法审判承担了大量的资源配置职能，恰恰说明市场机制建设很不完善，市场规范化程度较低，契约制度、产权制度的运行效果不理想，公平交易、公平竞争的市场规则还没有得到充分的建立。这是政府作为资源配置监管者

---

① 洪银兴：《关于市场决定资源配置和更好发挥政府作用的理论说明》，《经济理论与经济管理》2014年第10期。

作用发挥上的一种结构性缺陷。即，本来作为矛盾纠纷的最后一道防线的司法，在很大程度上充当了纠纷的主要（甚至是首要）处理者；本来司法审判应当是作为市场主体配置资源的事后监督者，但实际上几乎充当了资源的直接配置者，也就是在这方面承担的任务是过重的。而相应的政府在加强为市场有效运行创造良好环境，为市场提供充分的信息、制度供给等方面，如清晰明确的产权制度、有效的社会信用体系、严厉惩罚侵权违约者的良性制度、优质的法律服务市场、专业高效的非诉讼纠纷化解机制等，没有起到很好的作用，这方面发挥的功能是过轻的。

四、主要结论和建议

通过本节的分析，人民法院的经济司法审判，是政府配置资源的手段之一，具有其自身特点，也具有政府配置资源所共有的不足之处。在当前历史条件下，人民法院"案多人少"不是单纯的司法问题，而是具有重要政治经济学意义的问题。它是我国当前经济体制改革背景下，市场资源配置手段从政府直接调控干预到市场发挥决定性作用过程中，市场作为资源配置手段尚不完善，政府职能作用的发挥尚存在结构性缺陷所产生的阶段性现象。由于社会对司法人员劳动力的供给、司法办案物质装备、资料的供给是有限度的，不可能不计成本地无限增加；进行司法体制机制改革可以提高司法公正和效率水平，但也毕竟存在一定的效率极限。因此人民法院"案多人少"中反映出来的司法机关办案负荷过重、经济社会对司法的需求不能得到充分满足、司法人员流失等具体问题，不能单纯依靠司法资源的再配置和司法制度改革，而应当将视野扩展开来，从"政府与市场"这一视角，在尊重和发挥市场对资源配置起决定性作用的前提下，从总体上准确把握政府与市场的关系，找准政府发挥作用的着力点，进行相应的制度完善，克服政府职能作用的结构性缺陷，从总体上减

第五章 司法资源配置与经济研究方法

少资源配置的摩擦力,提高资源配置的效率。

(1) 进一步加大保障市场自发调节资源配置机制的各类公共资源的供给。这类资源的供给,市场是无法自发提供的,必须通过发挥政府作用来保障市场机制。如加大相应的制度供给力度,增加市场主体的违法成本,减少守法成本,引导市场主体遵循市场规则;建立更加完善、便捷的社会信用体系,努力减少因信息不完全、不对称造成的侵权违约现象,遏制市场主体的机会主义倾向。

(2) 着力发挥好基层组织、行业协会等组织的治理作用,以更低的成本规范和引导市场主体的行为。基层组织、行业协会等组织体,是市场主体自发组织形成的自我管理形态,相比国家机器的行政管理手段,具有信息成本低、效率较高的优势,这些组织的自我规范、约束和管理职能,对于发挥市场机制作用,具有很重要的意义,更有利于从源头上减少资源配置的矛盾争议。

(3) 完善多层次、多主体的经济矛盾纠纷多元化解机制。由于司法审判是一种成本较高的矛盾纠纷化解手段和资源配置手段,必须寻找一套成本更低的解决方案。这就必须建立一套多层次、多主体参与的经济矛盾纠纷化解机制。通过行政机关部门、行业协会、仲裁机构、基层组织等主体参加,加强激励机制建设,增强纠纷化解的权威性和执行力,发挥这些主体的信息成本低、专业性强的优势,更高效地化解矛盾纠纷,更高效地纠正市场资源配置失灵现象。

(4) 加强移动互联网、人工智能等最新科技成果在政府调控职能方面的应用。增强政府部门对经济活动进行依法监管的能力和效率,从源头上减少违法违规市场行为,引导市场主体自觉遵守民商事、经济法律规则,降低经济纠纷和资源错配的概率。

(5) 推进司法体制机制改革。进一步改进降低司法效率、影响司法公正的体制性、机制性问题,提高司法机关处理经济矛盾争议的能力和效率,提升司法权威和公信力,提供对违法侵权违约行为处罚纠正的力度和效率。

(6) 在尊重统一的劳动力市场规律的前提下完善政府工作人员和司法人员的用工和薪酬制度。国家机关和私人部门是在统一的劳动力市场上竞争有限的优质劳动力特别是具有专业知识和技术的人力资源。应当建立更加现代化的、精确适应劳动力市场价格信号变化的用工和薪酬制度,夯实政府对经济调控行为的人力资源基础。

第二节 司法人员劳动力配置的经济研究

一、问题的提出:"案多人少"中的"人少"

当前,一些对专业技能或综合素质要求较高的公共职位,人员流失、合格劳动者供给不足现象相当突出,引起社会高度关注。

据媒体统计,法院法官"人才流失"问题已经连续十年成为最高人民法院工作报告反映的突出问题之一,并且"一些法院出现人员招聘困难"[1]。早在 2014 年,北京市高院院长慕平在全国"两会"期间表示,5 年间,北京法院系统 500 多人辞职调离法院,而且年流失人员数量还有进一步增长的趋势。离开的法官大部分经验较丰富,能力较强[2]。据官方数据,2015 年全国法院

---

[1] 周东旭:《最高法院工作报告连续十年提"人才流失"》,http://topics.caixin.com/2016-03-13/100919588.html,2017 年 6 月 16 日。

[2] 温薷:《北京高院院长慕平:5 年流失 500 余名法官,建议落实分类管理,逐步提高一线法官待遇》,《新京报》2014 年 3 月 12 日,第 A10 版。

第五章 司法资源配置与经济研究方法

辞职的法官达到1000多人①。主流媒体分析,法官流失的原因主要是工资收入低、晋升空间小、工作压力大、职业风险高②。

而2016年10月11日,上海虹桥机场发生严重事故征候。经调查,其直接原因是塔台空管员指挥失误,而间接原因是塔台空管员作为民航局管理的事业单位人员,工资由民航局确定,按预算拨款,收入却只有欧美同行的零头,在民航安全运行体系中承担责任的飞行、签派、机务等职业中,待遇也是最低的。由此导致在职人员加速流失,现有人员工作严重超负荷,以致发生事故征候③。

据报道,我国儿童约为全国总人口的五分之一,相比之下儿科医生人力资源严重不足。《2015年中国卫生和计划生育统计年鉴》数据显示,全国平均每千名儿童只有0.43位儿科医生。而在美国,平均每千名儿童拥有1.46位儿科医生,是我国的3倍多。"全面二孩"后,儿科医生紧缺导致儿童看病难的问题将更加突出。对于儿科医生短缺的根本原因,医务界普遍性的看法是:儿科医生风险大,任务重,个人发展空间小,工资待遇低。④

以上案例所述法官、空管员、儿科医生等职位,虽是不同领域、不同专业、不同岗位,但都属于从事国家管理或社会公共服务的职位。从经济学理论上看,因薪酬(即劳动力价格)过低导致的人员流失、合格劳动者不足的现象,即有关公共职位薪酬

---

① 陈海光:《法官应当勤勉敬业》,《人民法院报》2016年5月7日,第2版。

② 案例和观点参见袁定波、周斌:《司法关注:法官流失大调查》,《法制日报》2014年6月6日,第5版。

③ 陈姗姗:《我们的"天空"怎么了?》,http://www.yicai.com/news/5135360.html,2017年6月12日。

④ 廖海金:《补齐儿科医生紧缺短板》,《经济日报》2016年1月5日,第9版。

过低导致的供给少于需求、供需失衡现象。出现这种现象，虽然原因是多方面的，但不可否认，我国长期存在的劳动力定价双轨制是其中的重要原因。即在我国当前条件下，在学历、素质、专业技能等要求相同或相似的前提条件下，因身份或职位性质的不同，一部分职位薪酬采取市场定价机制，另一部分则采取政府定价机制，于是出现了某些公共职位薪酬明显低于市场正常的均衡价格的现象。本节下文以法官职位为例，围绕劳动力定价双轨制问题的具体表现、问题形成机理进行研究，对公共职位如何形成合理的劳动力定价机制做出分析。

二、理论准备：关于公共职位劳动力双轨制问题研究综述

公共职位劳动力价格双轨制现象，是我国改革发展中出现的一个特殊问题，它既是改革的产物，又是改革不彻底的产物。关于中国经济的双轨运行体制下的劳动力流动及工资分配问题，在20世纪90年代，已成为经济学界关注的重要问题之一。但专门关注公共职位劳动力价格双轨制问题较少，学者们主要是对一般劳动力价格双轨制现象有所研究。戴园晨、黎汉明认为，中国经济的双轨运行体制，使劳动力流动和工资分配形成了规律和机理完全不同的两大块。前一块即国有企业、国家行政机关和事业单位，由国家统一规定工资水平和标准，实行统一调资升级的工资制度；后一块是个体工商户、私人企业和"三资"企业等，这一领域的工资是由市场调节的，并且实践中出现了后者收入普遍较高的状况。以上两大块彼此影响，劳动力从低收入领域向高收入领域的流动，使得传统的对劳动力调配和收入分配的控制能力趋于弱化，产生了种种社会矛盾。[①] 戴园晨、黎汉明还围绕双轨

---

① 戴园晨、黎汉明：《双重体制下的劳动力流动与工资分配》，《中国社会科学》1991年第5期。

运行的多元化工资制的形成与收入差距拉大现象进行了深入的课题研究。① 姚先国将劳动力的双轨价格现象总结为：同样质量的劳动者在不同单位从事同种类型的工作，可具有不同的劳动报酬，亦即有不同的劳动力价格；此外，同一企业同一工种，由于"身份"不同，也有不同的报酬标准，即合同工、临时工与正式职工的报酬差问题。即劳动力价格双轨制主要表现为两种形式：一是同一劳动者把自己的劳动"出售"给不同的企业时，获得不同的价格；二是同企业在"购买"同质劳动力时，支付不同的价格。劳动力双轨价格可概括为计划价格与市场价格，差异表现为三个方面：价格水平、价格构成、价格形成机制。他认为，劳动力价格双轨制造成了四种经济效应：收入错觉造成的积极性低下和劳动力逆向流动；地位错觉造成的职工队伍素质恶化；宏观就业政策目标与微观就业行为的相互矛盾；劳动力价格的双重支付与利用双轨价差的"套利"行为。关于改革劳动力价格双轨制的对策，他提出，加速国有单位就业市场化进程、建立全国统一的劳动力市场、加强对非国有单位职工的法律保护、促进劳动力价格一体化等，逐步消除双轨制现象。②

近年来，由于改革的深入推进，劳动力价格双轨制现象已得到极大的改观，市场机制在劳动力资源配置中所起到的作用日益重要，因此关于劳动力价格双轨制的研究已十分稀少。即使存在少数文献，也是围绕企业的劳动用工双轨制（正式工与临时工问题）效率问题进行研究③。但是，劳动力定价双轨制客观上并没

---

① 戴园晨、黎汉明：《双轨体制下工资收入及其对劳动力供需的调节》，《经济学动态》1995 年第 10 期。

② 姚先国：《劳动力的双轨价格及经济效应》，《经济研究》1992 年第 4 期。

③ 张志学、秦昕、张三保：《中国劳动用工"双轨制"改进了企业生产率吗？——来自 30 个省份 12314 家企业的证据》，《管理世界》2013 年第 5 期。

有消除，其表现形式与20多年前的有关文献相比，具体表现有所变化。20世纪90年代关于劳动力价格双轨制的研究，其重点是企业职工的劳动力价格问题。至于机关事业单位等人提供公共服务职能的劳动力价格，因过去我国市场经济不发达，特别是第三产业发展还不充分，缺乏横向的比较参照。并且相同或相似专业技能或素质的劳动力在不同性质单位就业，机关事业单位广义工资水平通常高于非机关事业单位。而对于公共职位劳动力价格双轨制问题，仍然鲜有研究。经过20多年高速发展，由于金融、法律服务、咨询、医疗服务等产业的快速发展，出现了相同或相似技能或素质的劳动者，国有单位劳动报酬明显低于非国有单位劳动报酬的现象。尽管具体表现形式各有不同，但一般劳动力价格双轨制带来的相关问题，特别是以法官职位为代表的公共职位的劳动力价格双轨制问题，目前仍然较为突出。以法官为代表的司法人员薪酬制度改革完善，亦是当前司法改革的重要组成部分，已经在理论和实务界有所讨论。但自觉运用经济学理论进行探讨的文献极少，也未见有从劳动力定价双轨制的角度来分析这一问题的文献。而当前对这一问题的认识以及相应的对策，都带有明显的局限性。因此有必要从这一角度进行进一步深入的研究。

三、司法人员劳动力定价双轨制的经济学问题

在各种公共职位中，法官职位是具有较强代表性的。法官是通过有关机关任命，依照宪法法律独立行使审判权的职位。自从我国2002年实施统一司法考试制度后，法官、检察官、律师等司法职业实行统一的司法职业资格准入制度。实践中，企业法务人员普遍也被要求取得该职业资格（虽然法律法规并无明确规定）。因此，法官、检察官、律师、企业法务人员的职位和具体劳动内容虽不同，但专业技能、综合素质的要求相差不大，但这些职位的劳动力价格形成机制却存在较大差异。这里仅以法官职位进行比较

分析。

(一) 收入报酬横向差距问题

关于律师、公司法务人员与法官的薪酬高低问题,根据王浩云对华南某市中级人民法院的10名辞职任律师的前法官的调查研究,该10名律师年均收入人均78万元,而该中级人民法院的院领导最高年收入也就15万元左右①。根据有关媒体对北京基层法院法官收入的调查,50名基层法官中,有33人月收入低于5000元。该调查以一名派出法庭副庭长为个案,将其与同时毕业的律师同学和企业人员同学相比,调查对象的同学,无论工资还是生活品质,都相对较高,而且是逐年提高,而法官仿佛还在原地踏步②。出现这种差距的主要原因是,不同岗位因其性质不同,劳动力定价形成机制完全不同,律师、企业法务人员主要遵循市场定价机制,价格有协商余地,提供劳动者在一定程度上对薪酬定价有影响和作用;而包括法官在内的国家公务人员劳动报酬则贯彻政府定价机制,该机制下薪酬定价并非显性的市场交易行为,而是政府行为,一般工作人员自身对薪酬的确定并无任何商谈议价的影响作用。法官职位的薪酬标准均由国家和地方有关法规、政策文件确定,除工龄、行政级别、职务、地方财政保障水平之外,法官自身的业务能力、绩效对薪酬的确定的影响较小。并且特定地域内,法官之间的薪酬水平差距较小。

(二) 现有人员流失问题

由于在劳动力定价双轨制下,法官与律师、企业法务人员薪酬收入存在巨大差异,而相应的专业技能和综合素质要求又大体

---

① 王浩云:《从法官到律师:中国司法职业逆向选择现象透视》,《湖南社会科学》2014年第3期。

② 张媛、张玉学、卢漫等:《50名受访法官33人月入不足5000元》,《新京报》2014年3月13日,第A09版。

相当，因此在"看不见的手"这一机制的作用下，近几年法官职位面临着较为严重的人员流失趋势。法官流失过去主要出现在条件比较艰苦、广义薪酬水平较低的西部地区和民族地区的基层法院。而目前这种趋势则开始蔓延到大中城市、东部沿海发达地区，并从基层法院逐步拓展到各级法院，甚至最高人民法院也有资深法官辞职的案例。从实践来看，由于现代交通、信息技术不断进步，人员流动和信息沟通成本日益降低，市场在劳动力资源配置中的作用越来越明显，西部边远地区、民族地区和小城市由于生活条件和财政保障水平相对较差，难以吸引优质公共职位劳动力，相对优质的公共职位劳动力必然有向东部沿海、大中城市流动的趋势。而现行法律对法官的入职门槛相对较高，且总体上不考虑地区差异，因此西部边远地区、民族地区和小城市法官的流失和断层现象就不可避免。在东部沿海地区和大中城市，由于人口聚集，经济社会活动频繁，广义薪酬相对西部边远地区、民族地区和小城市较高，同时司法案件数量较大、案件办理难度相对较大，对法官的专业技能和综合素质要求相对较高，因此更能吸引到欠发达地区的后备人才。但同时，正是由于经济相对发达，对律师、企业法务人员的需求量相对更大，获得更高薪酬的机会更多，由于"看不见的手"的价格机制作用，相似技能和素质的劳动力趋于向报酬较高的职位流动。尽管实践中这种流动面临各种摩擦力，如强制性行政命令、补偿性工资差别（compensating differential）[1]、信息不对称不完全、改变职位带来的不适应、不方便等成本因素。但随着人员流动和通信成本的不断降低，只要广义薪酬的差距达到足以克服上述摩擦因素之时，法官流失

---

[1] 补偿性工资差别，通常理解为由于工作条件、社会环境原因导致的工资收入差距。参见〔美〕曼昆：《经济学原理》（下），北京：生活·读书·新知三联书店、北京大学出版社，2001年，第26页。

就很难避免。

(三) 后备人员补充不足

如果说在职法官流失是"急性病",那么后备法官尤其是素质比较优秀的后备法官人才供给不足,"招聘困难",则属于"慢性病",是威胁法院和司法审判事业发展的长期隐患。在一些观点来看,在职法官流失的数量、比例占法官总数的比例仍然较小,因此并没有形成"辞职潮",因而目前的法官流失问题,属于正常的就业岗位流动,不值得引起过度的关注[①]。即使这种观点和事实依据成立,在职法官流失的数量和比例相对还比较小,我们可以引用微观经济学的价格理论特别是价格弹性(Price Elasticity)理论来建立一个简单模型进行解释和分析。

如图 5-1 所示(见下页),左右两图分别为按市场机制定价的律师、法务人员劳动力供给—需求曲线和按政府定价的法官的劳动力供给—需求曲线。w_0 为整个法律职业共同体人员市场供需均衡稳定时的薪酬水平。如图 5-1(2)所示,在法官薪酬也采取市场定价的理想状态下,包括法官在内的法律职业共同体人员劳动力供给与需求也应当在 w_0 薪酬水平上获得均衡,此时的法官劳动力供应量为 L_e。而事实上由于法官的薪酬采取政府定价机制,其需求曲线 D 为一条水平线(需求无限弹性),且薪酬定价 w_g 低于市场均衡价格 w_0。因此相应的劳动力供应量少于理想均衡态的 L_e,也就是呈现短缺态势。根据生产要素能否及时调整的区别,法官劳动力供给曲线在长期和短期是不同的,因而这种短缺在长期和短期上也是不同的。法官劳动力短期供给曲线 S_s 弹性较小,因此短期内劳动力供应量 L_s 只是略少于 L_e;但是在长期,

---

① 参见罗书臻:《最高人民法院通报司法责任制等基础性改革情况》,《人民法院报》,2017 年 7 月 4 日,第 1 版;朱恒顺:《法官流失加剧不必过分解读》,《新京报》,2015 年 5 月 27 日,第 A03 版。

S_s 移动变化为长期供给曲线 S_l（S_s 和 S_l 都共同经过薪酬水平为 w_0 的均衡点 E_e）。由于 S_l 弹性较大，此时对应的劳动力供应量 L_l 就会显著低于 L_e 和 L_s。

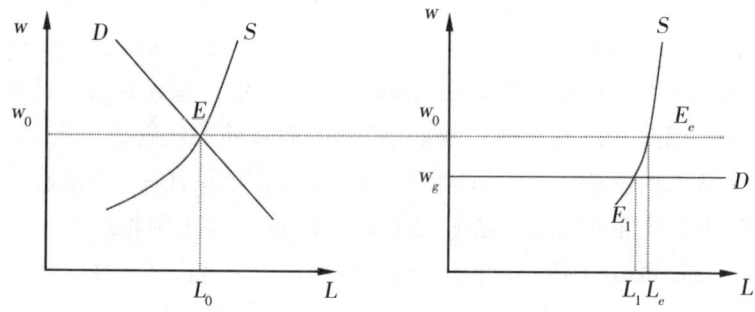

（1）律师、法务人员的劳动力供给—需求曲线

（2）法官的劳动力供给—需求曲线（短期）

图 5-1 劳动力定价双轨制下的律师、法务人员与法官的劳动力供给—需求曲线

我们再运用心理分析方法模拟和比较在职法官与可能成为法官后备劳动者的心理和决策过程。(1) 一名在职法官辞职从事其他职业，意味着工作、生活环境的重大调整，而他之前围绕法官职位进行的时间、金钱等投入作为沉没成本（Sunk Cost）。由于这种市场摩擦力的存在，即使薪酬相对较低，也有很多法官选择容忍而并不会离职。这就是为什么在职法官（尤其是年龄较大的法官）离职率看起来并不高的原因；(2) 法官职业的后备劳动者（如在校的高中生、大学生）或在职年轻法官，情况就完全不同。由于上述的沉没成本不存在或较低，他们可以在负担很轻的情况下进行理性选择和调整。

如果法官这一职位劳动力报酬长期明显低于其他（对学历、素质要求基本相当）岗位，显然会从长期上影响到在校的高中生、大学生的专业选择和就业决策。法官职位薪酬的定价者（虽

第五章 司法资源配置与经济研究方法

不是具体个人,但此处可以虚拟化处理为一个参与博弈的定价决策者)与这些后备劳动者之间,虽然没有建立直接的经济、法律关系,但这种潜在的博弈显然是存在的。这种潜在博弈将从源头上减少法官后备人才的供给,使后备法官的长期供给曲线弹性趋于增大(更加平缓的供给曲线)。并且一旦这种趋势确立,局面将极难扭转,这才是值得社会和决策者高度关注的。而这种苗头已初露端倪。根据媒体对 2016 年北京市公务员考试网上报名情况的统计,在职位热度方面,一些法院系统整体报名人数较往年有明显下跌①。

应当认为,类似法官、空管员等公共职位的劳动者,越是专业技能素质要求高的职位,其培养周期越长,补充合格劳动力的难度越大。一旦人员流失或合格劳动力不足,但相应的工作任务总量短期内并不会发生改变,这就形成了对在职的公共职位劳动者产生更大的工作强度和工作压力,导致在职公共职位劳动者的处境恶化,往往危及从业人员身体健康,甚至发生过劳死亡等严重后果②。这会变相降低在职公共职位劳动者的广义薪酬或者说福利,进一步降低其职业吸引力,从而会进一步造成在职人员继续流失、外来人员不愿流入的结果。

(四)公共职位劳动力生产和再生产受阻

按照马克思的劳动价值论及工资理论,工资即劳动力的价值或价格的转化形式。而劳动力的价值是由生产和再生产劳动力的社会必要劳动时间决定的。决定劳动力价值的三个因素是:劳动者本人所必需的生活资料的价值;劳动者子女所必需的生活资料

---

① 滑璇:《2016 京考报名:法官助理大量空缺》,http://www.infzm.com/content/113043,2018 年 6 月 25 日。

② 如据 2017 年《最高人民法院工作报告》,2016—2017 年期间,就有周卫东、侯铁男等 36 名法官积劳成疾、英年早逝。

价值;劳动者一定的教育和训练费用。劳动力的价值包含着一个历史的和道德的因素,它必须有一个最低的限度,否则就只能在萎缩的状态下维持和发挥①。虽然这一理论主要是针对产业工人工资的论断,但对公共职位劳动者也适用。如前所述,由于法官等公共职位劳动者实行劳动力价格双轨制,薪酬价格低于均衡水平,必然会影响到公共职位劳动者对劳动力生产和再生产所必需的各类消费品的购买能力。如范明志所提供的数据,北京市2013年社会月平均工资为5793元,在阳光工资制度下,一个初任法官的工资却只有三四千元②,显然已不满足这一职位劳动力生产和再生产的费用。从实践来看,法官劳动力生产和再生产所面临的具体问题主要表现在三个方面:一是在职法官自身劳动力的生产问题。如住房、日常消费等经济压力(在大城市比较突出)、案多人少、工作压力过大导致身心健康问题、安全保障问题(广义薪酬),都会影响劳动力生产问题的恢复和形成。二是后备法官培养的中断问题,如前文提到的后备人才供应不足的现象。因为合格和优秀的法官来源于人口中素质相对较高的群体,并且培养周期较长,费用较高,过低的薪酬将导致后备劳动力供应受阻。三是法官自身家庭后代养育的问题。由于薪酬偏低并且工作压力普遍较大,将会影响到这部分群体的结婚生育③和子女

---

① 马克思:《资本论》(第1卷),北京:人民出版社,2004年,第193-197、585页。

② 范明志:《法官流失:一个什么性质的问题》,《人民法院报》2014年6月12日,第2版。

③ 一个代表性的个案是,辽宁省铁岭市清河区法院女法官王鹏宇因积劳成疾导致脑出血去世,享年34岁。因工作学习任务繁重,王鹏宇尚未生育。在去世前,"想要一个孩子"是王鹏宇对丈夫所说的最后一句话。孟锦阳:《最后的7月,无愧最初的梦想——追记青年女法官王鹏宇》,http://www.lnfz.cn/fazhi/fayuan/2016/1028/3960.html,2018年3月20日。

教育。这种情况实际上在公共职位人员中带有一定共通性。考虑到当前阶层流动较弱的大背景，公共职位人员群体内部的代际更替现象比较多见，这部分人员后代养育受阻必将影响这部分劳动力的再生产。

四、司法人员劳动力政府定价机制形成原因的分析

以法官为代表的公共职位采取劳动力政府定价机制，之所以存在明显偏离（往往是低于）市场均衡定价的现象，是有许多影响因素的。

（一）公共职位本身的公共性

以法官为代表的公共职位，其提供的劳动主要是行使有关的公共权力、处理社会公共事务，从广义上说，是一种社会公共服务。这种服务由于带有经济学上公共品的供给性质，遵循的一般是社会公共利益最大化原则。而相同或相似技能和素质的劳动力为企业、私人部门服务（如律师服务、公司法律业务等），则是为企业、私人部门经济利益服务，遵循的往往是个人或企业所有者利益最大化原则。从一般社会观念来看，追求较高的劳动报酬并不是从事公共职位应有的价值取向。从宏观角度观察，以法官为代表的公共职位劳动力价格，是政府提供的社会公共服务总价格或者说是经济社会运行总成本的一个重要组成部分。而社会公共服务总体价格的支付来源于各经济主体缴纳的税收。因此，公共职位的工资水平理论上讲是一个公共部门资源配置问题，其配置决策迥然不同于私人市场物品生产的配置机制[1]。即使是从控制经济体的宏观税负，控制公共财政支出，提高市场经济活力的角度，对公共职位劳动力价格采取政府管制手段，并适当低于同

---

[1] 〔美〕斯蒂格利茨：《公共部门经济学》，北京：中国人民大学出版社，2013年，第133页。

等条件下的市场定价,也具有一定的正当性、合理性。如果公共职位劳动力价格得不到合理控制,正如戴园晨、黎汉明所指出的,很容易导致收入攀比和诱发工资、物价之间的螺旋现象,造成不良的宏观经济后果①。

(二) 公共职位劳动成果难以货币化度量

为私人、企业部门利益服务的劳动,尽管其具体劳动内容千差万别,但往往给私人、企业带来直接的福利,这种福利往往是劳动的需求者能够直接度量、计算的,因此其劳动的交换价格更容易确定。这样,双方可以直接商谈确定相对合理的价格,交易成本或寻价成本相对更低,因此它更适宜分散化的、市场化的定价决策机制。而以法官为代表的公共职位,其劳动内容主要是行使有关的公共权力、处理社会公共事务或者提供带有公益性质的服务。这种服务带有经济学上公共品的供给性质。这种劳动为国家、社会和个人带来的福利是比较抽象的、难以采取货币化度量的。如法官的审判活动,其对他人和社会的意义在于维护国家政治安全、经济秩序、社会公正等,难以用准确的货币尺度来衡量其对国家、经济和社会的实际效用。此外,这种公共职位劳动者提供的服务,虽然具有直接的接受服务者,如法官对当事人,空管员对飞行员、航空公司及乘客。但是,即使没有直接接受这种服务的不特定社会公众,实际上也在享受公正、安全、秩序等潜在的、非具体的但确实存在的福利,带有微观经济学所称的外部影响(*Externality*)。如果采用市场定价,货币化度量也就是寻价成本过高,所以难以实现。

(三) 公共职位劳动力优劣区分的成本较高

对商品进行准确的市场定价,其前提往往是对商品的优劣

---

① 戴园晨、黎汉明:《双轨体制下工资收入及其对劳动力供需的调节》,《经济学动态》1995年第10期。

信息能够进行尽可能完全的掌握,对劳动力的定价也是如此。但是,相比于从事工商业或其他私营部门服务业的劳动者而言,公共职位劳动者所提供的劳动力质量或者说劳动绩效,在实际操作中衡量难度比较大,或者测度的成本比较高。工商业、私营部门服务业劳动者的绩效通过产品产量、质量、企业利润、市场占有率等数据指标往往能够较好地进行衡量,为企业、个人提供法律服务的绩效,一般也可以通过最终的经济利益来得出一定的判定,并且往往最终以货币化收益作为最终衡量标准。并且劳动者与劳动者之间的市场化竞争行为,也能够推动实现优胜劣汰的区分作用。而公共职位劳动者提供的是带有公益性的服务。以法官为例,对每一个法官而言,由于每一件案件的具体情况、类型、难易程度均不可能完全一样,且不同层级、不同类型法官所办理的具体业务也不同,不同法官擅长的领域也不同,因此精确评估和区分不同法官的技能素质,从而进行精确的劳动力定价,是非常困难的。即使能够设计一套看似合理的绩效评估制度,也可能由于被考核群体的博弈行为而形成激励扭曲。正如李拥军、傅爱竹通过对法院内部法官绩效考核制度的深入分析认为的那样,法官绩效考核虽然看似用"胡萝卜加大棒"来激励法官提高专业素养,被视作是一套优选机制,却在实际运行中与司法规律形成尖锐的冲突,对法官的实质理性构成了严重的伤害,其中类似"刷数据"的现象形成了逆向奖励和淘汰机制①。正是由于这种劳动力优劣的区分成本高昂的特性,导致类似优质商品的法官退出市场,形成逆向选择现象。

---

① 李拥军、傅爱竹:《"规训"的司法与"被缚"的法官——对法官绩效考核制度困境与误区的深层解读》,《法律科学(西北政法大学学报)》2014年第6期。

(四) 公共服务本身的竞争性因素相对较弱

就企业、私人部门而言,其本身就处于激烈的市场竞争环境之中。那么对其雇佣劳动自然需要服务于赢得市场竞争这一基本目标。由于为企业、私人部门服务的劳动成果相对易于货币化度量、劳动力优劣易于区分,且雇主与劳动者之间都有相当程度的自主选择权,这就导致在企业、私人部门,劳动者之间往往存在着激烈的市场竞争,包括在职劳动者与潜在劳动者的竞争(当然,对于有限的优质劳动力,雇主之间也存在激烈的竞争)。由于自由竞争的因素较强,那么各方为实现自身利益最大化,自然就会形成市场化的自主、协商定价。而对于公共部门而言,某个特定的法院根据法律规定行使司法权,它就是该特定区域内唯一的该服务提供者(如果将其视为一种公共服务),类似于微观经济学意义上的"垄断"。对于这种带有垄断性质的公共服务,显然不宜完全采取市场定价方式,其服务价格则往往由国家规定或者国家管制。因此公共部门并没有非常强烈的来自市场竞争的压力和动力(当然,并不能由此说公共部门就没有改进工作、提升公共服务水平的压力和动力,只是并非来自市场竞争的压力),这种压力传导机制并不明显(如公共部门领导者通常缺乏决定下属劳动者薪酬多少的权力),这也就难以形成企业、私人雇主与劳动者之间市场化的定价机制。

(五) 劳动力的政府定价调整机制往往面临"集体行动困境"

公共职位劳动力的政府定价机制问题,本质上是国家或政府决策问题,或者说是公共选择问题。西方经济学的公共选择理论对于政府决策过程做了论述。阿罗不可能定理(Arrow's impossibility theorem)揭示了公共选择过程中往往存在不理性和前后不一致的情况，导致政府决策难以像理性的个人一样行动一致①。仍以法官薪酬调整机制为例，它的运行往往陷入集体行动的困境（Dilemma of Collective Action）②。这是因为，法官薪酬的政府定价调整，意味着对整个国家公务员薪酬水平体系的调整，是一项牵涉政府其他部门利益和公众利益的制度，"牵一发而动全身"，它既是一个复杂的制度变迁过程，也是众多的不同主体相互的复杂博弈过程，导致政府做出理性决策面临较大的阻碍。这种阻碍的原理，可以用经济学理论建立一个法官与社会公众（包括非法官的公务员）之间的简单博弈模型来说明。

第一，法官群体的对策集包括"流失"和"不流失"两种选项，社会公众的对策集包括"同意上调法官工资"与"不同意"两种选项。第二，如果社会公众选择"同意上调法官薪酬"，意味着其他官员、社会公众的收入相对下降，或者纳税人支付的服务价格增加③。这一后果，会直接引起其他官员、社会公众现实的或心理上的不愉快即负收益，并且这种负收益是比较直接的、立即的。如果社会公众选择这一对策，即使法官一方选择"不流失"，社会公众的获益程度也是比较有限的、间接的、分散的。第三，如果社会公众选择"不同意上调法官薪酬"的

---

① 〔美〕斯蒂格利茨：《公共部门经济学》，北京：中国人民大学出版社，2013年，第141页。

② 集体行动的困境，是指单个个体从自身利益最大化出发会得出对个体并非最优甚至是最差的结果。黄少安：《现代经济学大典（制度经济学分册）》，北京：经济科学出版社，2016年，第130页。

③ 在不降低其他主体收入的前提下提高法官薪酬，貌似是一种帕累托改进，但在现实生活中却不是。正如西方经济学教科书对帕累托最优理论的批评，帕累托标准依赖于人们没有"红眼病"这种假设。但现实显然不是这样。参见高鸿业：《西方经济学》，北京：中国人民大学出版社，2014年，第293页。

对策,而法官一方如果选择"不流失",社会公众一方将没有损失。如果法官一方选择"流失",将导致司法公共品的供给质量下降。但这种司法公共品供给质量下降,通常是"温水煮青蛙"式的、间接的、非立即的。该后果是全体社会成员分担,并且其他官员、社会公众个体遭受这种负收益是一种概率事件(因为并非人人都打官司)。第四,作为理性的追求自身收益最大化的个体来说,在上面列举的两种负收益中进行选择,当然选择相对负收益较小、较间接、概率偏小的那个选项。因此"不同意上调法官薪酬"对每个社会公众个体而言,是其占优策略,即无论法官群体是否选择"流失",这一策略都是对每个公众个体而言有利的策略。这就可以说明,为什么在这一议题的讨论中,社会公众往往倾向于反对给法官上调薪酬。第五,由于社会公众更倾向于反对法官上调薪酬,而法官作为一个群体的话语权在社会公众意见面前较弱,因此法官薪酬调整阻力较大,也就表现为薪酬机制对相关的外部信号的反应速度相当缓慢。而法官群体中那部分素质较高的、能够克服职业变换摩擦力者决定不再等待,而是"用脚投票"①。这就形成了博弈双方"双输"的局面。

综上可以看出,公共职位薪酬的形成、调整机制的复杂性,是一种典型的集体行动困境——即所有个体以自己利益最大化出发却会得出对各参与者个体而言较差甚至最差的结果。而这个结果是一个占优策略均衡,当然也是纳什均衡,具有相当强的稳定性,双方不会单方改变策略。

通过以上的分析,可以合理解释为什么公共职位劳动力定价往往不能对市场价格信号做出及时、充分的反应,市场的供给和

---

① 典型的例证见孙静:《新一轮司法改革路径日益明晰,但39岁的张伟等不及了——一名辞职法官的遗憾》,《北京青年报》2014年7月19日,第A11版。

需求矛盾无法刺激公共职位劳动力定价自动恢复到出清状态，而是时常偏离（并且对专业技能和素质要求较高的职位往往是低于）均衡价格的现象。

五、如何形成合理的司法人员劳动力定价机制

理论界对劳动力价格定价双轨制问题，普遍开出建立统一的劳动力市场，逐步消除劳动力定价双轨制的药方。但这主要是针对企业、私人部门而言，对于公共职位领域未必奏效。笔者认为，公共职位劳动力原则上仍应采取政府定价机制。但同时必须看到，公共职位薪酬的政府定价机制在实践中的确存在很大的问题，必须采取必要的改革措施进行完善，以在充分尊重市场价格机制在资源配置中起决定性作用的前提下，力争接近实现社会不同职位劳动力的合理配置及供需均衡。

（一）根据不同岗位要求建立单独序列的定价机制

如前所述，未能根据职位的职业化、专业化要求进行区别定价（本质类似于信息不对称），是现行公共职位劳动力定价机制存在的重要缺陷。如法官、检察官、空管员等对专业技能、素质要求较高、培养成本较高的职位，其工资执行的是参照一般公务员、事业单位员工的工资标准，其收入高低只取决于行政职级、任职资历等。这既不能很准确地反映该岗位劳动力生产和再生产的费用，也不能很灵活地对同类劳动力的市场价格信号做出反应。这必然导致专业技能和综合素质要求高的职位劳动力供给严重不足，而专业技能要求不高的职位则供给严重过剩，形成资源无效率的配置。因此，应当对公共职位中专业技能要求较高的职位，组建单独序列。再针对其职位特点，分别构建单独的工资薪酬定价机制，这是建立合理的公共职位劳动力定价机制所必需的。目前司法改革中正在推进的法官职务单独序列，就是尝试之一。但是，即使同为法官，不同专业分工门类的法官，其市场供求状态和再生产的费用也是不同的,如金融、知识产权、海事海商等领域的专业法官,其再生产的费用以及劳动力市场供求关系明显不同于一般的基层法官。因此这种职务序列的区分,在必要时还应当进一步细分。

（二）建立更加灵活迅速的劳动力价格信号反馈机制

当前公共职位劳动力政府定价机制不够合理的关键之处是定价机制僵化,对市场供求关系未能做出及时、适度的反应。应当在区分公共职位劳动力具体专业职位的基础上,建立更完善的对市场价格的信号反馈机制。以法官职位为例,应当建立相关的劳动力价格征询反馈,并根据相关信息及时调整。可以在发达地区、大中城市,收集该地区同等素质技能的法官相似的律师、企业法务人员劳动力定价水平数据,参考该薪酬水平,综合考虑"补偿性工资差别"等因素,使法官薪酬水平略低于但不过分低于相关行业同等薪酬水平,更不能低于这一职位劳动力生产和再生产（包括房屋租金、家庭成员正常生活消费、自身的教育发展、养育教育后代等）的必要费用。在小城市或者边远地区,由于当地律师、法务人员较少,难以征询反馈。且这些地区更难以吸引到优质法律事务人员,应参照邻近地区大中城市法官薪酬,综合考虑当地平均收入水平,以及当地生活艰苦程度予以确定。

（三）完善更加开放的劳动力流动配套机制

劳动力的自由流动,是劳动力定价的市场机制充分发挥作用的重要前提。尽管笔者赞成对公共职位劳动力价格维持劳动力政府定价机制,但更开放的劳动力流动配套机制,对于政府定价机制趋向更加公平合理,具有重要的倒逼和推动作用。公共职位劳动者在我国主要是公务员和事业单位人员,在身份上的不同,以及录用制度的不同,使公务员、事业单位人员与企业人员（国有企业与民营企业录用制度差异也极大）相比，其自由流动仍然有许多障碍。目前国家正在完善人事制度改革，如将公务员、事业单位人员和企业人员逐步纳入统一的社会保障体系等。中央在近年来建立从律师、法律专家中遴选法官、检察官的制度，尽管这种遴选流动还存在一些困难和不完善之处，但这一制度安排是十分必要的。

（四）夯实公共职位"补偿性工资差别"的基础

应当承认，公共职位本身的公益性，会带来经济学意义上的"补偿性工资差别"现象。从实证角度看，从事公共职位的劳动者，也并非是西方经济学所假设的追求利益最大化的理性人或者有限理性人，而是对公众事业理想信念有不同程度追求的人。以法官为例，美国等发达国家也存在法官薪酬明显低于高收入律师的现象（明显高于普通的公职人员）。但由于这些国家，社会舆论对法官的信任和尊重程度极高，相关的保障制度比较完善，事实上构成了非常坚实的"补偿性工资差别"的基础。在我国的实践中，由于配套的职业保障力度不足，侵蚀了"补偿性工资差别"存在的基础。如对于不尊重司法的行为、妨碍法官依法行使职权、侵害法官合法权益的情况比较多发多见，这些应当从夯实"补偿性工资差别"基础的角度加以解决。如营造尊重公共职位劳动者的舆论氛围、增进相关群体的职业认同感、充分保障法官的安全和其他劳动权利等。当然，需要强调的是，"补偿性工资差别"以荣誉感、安全感、兴趣、精神满足等非货币、非物质的收益形成了对公共职位劳动者货币化、物质化的工资薪酬的某种替代。但是，劳动力生产和再生产的费用是不可能用"补偿性工资差别"来支付的，否则仍会造成劳动力自生产受阻的后果。

（五）解决好绩效评价与收入激励问题

采取政府定价的公共职位劳动力价格，采用绩效评价来衡量区分公共职位劳动者的绩效,并以此形成收入差别,这是一种模拟市场定价竞争机制,形成激励相容的重要手段,这也是实践中不少公共职位的做法。从理论上看,这是值得肯定的。但在实际运转过程中,公共职位的绩效评价机制的局限性非常明显。这种绩效评价还仅仅是一种间接、非精确的评价。因此不宜过分依赖。

(六)加强科技应用形成对相关公共职位劳动力的替代

目前,信息工程及人工智能技术等科学技术的发展,使一些过去看起来相对复杂的智力劳动可以在不同程度通过机器运算、深度学习来完成或者辅助完成,从而降低了对人力的依赖。因此,加强科技的运用,这是有效改变相关领域公共职位劳动力供求关系状况的举措。这不仅有助于形成更加合理的公共职位劳动力价格,更有利于缓解相关职位劳动力不足、工作压力繁重的现象,从而更加有助于合理、科学的公共职位劳动力价格体系的形成。

第三节 司法成本分配制度的经济学研究

一、民事诉讼合理开支费用制度缺失及其后果

近年来,司法产品供给的质量和效率,在经济社会发展中所扮演的地位日益重要,党和国家以及社会各界对人民法院发挥司法职能,进一步加大权利保护力度,提高侵权违约成本,优化营商环境,抱有很高的期待。习近平总书记在大阪G20峰会讲话中明确将"引入侵权惩罚性赔偿制度""增强民事司法保护和刑事

第五章　司法资源配置与经济研究方法

保护力度"作为我国持续改善营商环境的基本要求①。中国证监会主席易会满就中美经贸摩擦问题接受采访时亦强调"增加司法供给,提高违法违约的成本"②。目前,我国司法体制机制"四梁八柱"搭建已基本完成,已经进入综合配套改革阶段,相应的诉讼成本分配制度的丰富完善是十分必要的。在现行司法制度机制下,违法违约成本过低,司法审判对不法行为的威慑、制约作用不够的问题仍然比较突出。提高侵权违约成本,加大民事权利保护力度,离不开合理的诉讼成本分配制度的支撑。从广义的诉讼成本分配制度看,包括诉讼收费制度,也包括诉讼合理开支费用分配制度。两者性质相似,但又是存在巨大性质差异的两种制度。然而,前者已施行多年并列入最新的改革计划,而后者却没有得到应有的重视。最高人民法院"五五改革纲要"虽然明确提出要"推动完善诉讼收费制度"③。但这一改革目的主要针对作为国库收入的"诉讼收费",而对当事人参加诉讼所支付的合理费用分配问题,未明确表态。尽管这一问题已有一些理论研究,如王福华(2016)就曾提出:"以诉讼费用为外在表现的司法成本与资金来源问题,向来都是司法制度与诉讼程序中的结构性因素……司法成本的重要性丝毫不亚于司法机构、诉讼程序和法律职业建设。"④ 他还强调,司法成本的分担,不仅包括国家司法公

---

① 杜尚泽、管克江:《习近平出席二十国集团领导人第十四次峰会并发表重要讲话》,《人民日报》2019年6月29日,第1版。

② 刘慧、许志峰:《中国资本市场韧性在增强,抗风险能力在提高——证监会主席易会满就美对我新一轮加征关税影响答记者问》,《人民日报》2019年6月3日,第2版。

③ 《最高人民法院关于深化人民法院司法体制综合配套改革的意见——人民法院第五个五年改革纲要(2019—2023)》(法发〔2019〕8号)。

④ 王福华:《论民事司法成本的分担》,《中国社会科学》2016年第2期,第93–113页。

共资源投入和当事人诉讼负担之间的关系,还包括当事人之间的司法成本分担问题①。关于律师费等诉讼开支分配在纠纷解决中的作用问题,有关的学者也进行了比较研究②。可见,完整的司法成本分配制度体系,不仅包括诉讼活动国家收费的分配问题,更包括诉讼活动中当事人费用开支的分配问题。因此,建立和完善当事人参加诉讼合理开支分配制度,具有非常重要的理论意义和现实意义,它理当成为司法体制综合配套改革的重要组成部分。

二、民事诉讼合理开支费用分配制度的理论与实践基础

(一) 实践现状

目前司法实践,当事人参加诉讼的合理开支费用分配制度总体上并未普遍建立。当事人因参加诉讼而发生的交通、误工、食宿费用和律师费、取证费等费用开支,通常是由当事人自行承担。仅以下特殊情形可作为例外。

第一,当事人对律师费用等相关诉讼开支费用有明确约定的。司法实践中,借款合同等合同中,债务人承担的债务及违约责任,明确约定包括律师费的,人民法院在审理过程中,通常可予以支持。目前主要涉及金融机构等大量的格式合同已经加入相关条款。但其他未有明确约定的,人民法院通常不予支持。

第二,经济特区法规有特殊规定的。根据《立法法》第90条第2款规定,经济特区法规根据授权对法律、行政法规、地方性法规作变通规定。因此经济特区可以对包括诉讼开支分配制度在内的有关司法制度机制,可以做出与全国性制度不同的安排。

---

① 王福华:《论民事司法成本的分担》,《中国社会科学》2016年第2期,第93–113页。
② 刘东华:《论律师费用分配机制在纠纷解决中的作用》,《中国社会科学院研究生院学报》2013年第5期,第76–81页。

如深圳经济特区出台的《深圳经济特区和谐劳动关系促进条例》第 58 条规定:"劳动争议仲裁和诉讼案件,劳动者胜诉的,劳动者支付的律师代理费用可以由用人单位承担,但是最高不超过 5000 元;超过 5000 元的部分,由劳动者承担。"通过中国裁判文书网对深圳经济特区范围内人民法院劳动争议案件裁判文书的检索发现,该地区法院审理的劳动争议案件,劳动者在胜诉后,律师费可以在 5000 元范围内由用人单位承担。

第三,部分知识产权案件。在现行专利法、商标法、著作权法等部分知识产权法领域,有明确规定,即侵权人应当赔偿权利人损失的范围包括"为制止侵权行为所支付的合理开支"①,实践中就包括律师费、取证费等。这些制度是我国履行加入 WTO 时关于保护知识产权做出的承诺,也是充分保护知识产权人民事权利的要求,是将我国知识产权国内法修改为符合《TRIPS 协议》规定的具体表现②。

第四,逾期举证费用分配制度。该制度可以视为广义的诉讼开支费用分配制度,在 2015 年《民事诉讼法》解释出台时已经建立。即对方当事人逾期举证造成本方当事人发生的额外费用,由该对方当事人承担③。但从目前调研所掌握的情况,实践中几乎没有实际运用的案例。究其原因,根据初步的分析,主要是缺乏快捷的法律实现程序。如果当事人主张该费用必须另行起诉,那么显然对权利人而言是不经济的、也是不太可能的。因此该条

---

① 《专利法》第 65 条,《著作权法》第 49 条,《商标法》第 64 条,《集成电路布图设计保护条例》第 30 条。

② 郑成思:《知识产权法》,北京:法律出版社,2004 年,第 24 页。

③ 《最高人民法院关于适用〈中华人民共和国民事诉讼法〉的解释》第一百零二条第三款规定:"当事人一方要求另一方赔偿因逾期提供证据致使其增加的交通、住宿、就餐、误工、证人出庭作证等必要费用的,人民法院可予支持。"

文处于长期"沉睡状态"也就不足为奇了。

(二)主要的认识分歧与回应

对于当事人参加诉讼的合理开支费用分配制度的建立,在理论认识上,存在一些认识障碍,有必要加以回应。

第一,我国未施行律师强制代理制度,因此不应支持胜诉一方的律师费。通过"中国裁判文书网"检索有关法院判决,这一观点是驳回当事人主张律师费诉讼请求的主要依据。这一观点虽有一定道理,在现行制度下是"正确"的,但忽视了一种经济学常识。即,侵权违约者的不当行为引发诉讼,是一方的不当行为引起的对方的成本。这种成本即使不通过聘请律师而进行诉讼,也会消耗当事人本人的时间、精力,这同样是一种成本,忽视这种成本的合理分配、补偿,在经济学意义上讲必然导致"无效率",从法学意义上讲必然导致"不公平"。由于现代司法诉讼制度日趋完善,必然带来程序上的精密与烦琐(在法官的素质方面,一直在强调专业化),若非受过专业特殊训练的人员,难以高效、准确地运用诉讼程序维护自身合法权益。普通当事人参加诉讼所耗费的成本,不仅仅在于直接的文书书写等方面的精力、时间耗费,还包括交通、误工、食宿等直接损失,更在于学习研究和适应司法诉讼程序的各种法律要求所消耗的精力和时间。从福利经济学角度分析,当事人本人学习研究和适应司法诉讼程序,显然会导致巨大的机会成本浪费,明显不如委托专业律师代理,这更有利于社会成本的降低和福利的提高。因此,对胜诉的权利人适当补偿其律师费等合理开支,不仅在法律上是公平的安排,更是有利于社会总体福利的制度安排。

第二,当事人参加诉讼合理开支费用的性质认识分歧。该费用目前在现行实体法、程序法中未有明确规定,因此在现行司法制度机制框架内,具体的司法适用仍然存在一些难题和认识分歧(从实体法角度,这些开支费用与合同法、侵权法等意义上的损

第五章　司法资源配置与经济研究方法

失、损害,具有相似性,但又存在明显的差异,因此不宜简单地等同起来)①。在诉讼程序法上,其与国家司法机器为处理争议而支出的成本费用也明显不同,因此也不宜等同起来。因此当事人参加诉讼的合理开支费用,在法律制度上应当以一种专门的制度来进行规范、界定和调节。

第三,与诉讼收费制度的区别辨析。最高人民法院"五五改革纲要"明确提出要"推动完善诉讼收费制度"②。但该制度不同于当事人参加诉讼的合理开支费用分配制度。从经济学理论角度研究,各种侵权违约行为导致的诉讼,是一种负外部效应现象。解决负外部效应问题,有两种经济学思路,一种是征收"庇古税"并进行津贴,另一种是"界定和保护产权"并进行补偿或转移支付③。那么,采取国库收取诉讼费的办法,调节当事人诉讼行为、抑制侵权违约的做法,可以视为经济学意义上的收取"庇古税"的办法。增加诉讼收费,虽然是一种加大侵权违约制裁力度的方法,但在实际推进中必然存在相当程度的政治阻力、舆论阻力和观念阻力。这是因为诉讼收费是国家收取的费用,在政治上、观念上、舆论上可能会被认为是加重群众负担、抑制当事人诉权的举措,实际推进的难度可能较大。而诉讼合理开支费用的分配制度的建立完善,则并不存在这一问题。在经济学理论

---

① 包括当事人已经约定律师费由债务人承担的情形。由于律师费是一种服务收费,其取费标准比较粗放,且目前律师费主要实行市场调节价,合理的数额范围难以准确衡量,导致实践中如何支持、把握律师费的合理尺度存在争议。

② 《最高人民法院关于深化人民法院司法体制综合配套改革的意见——人民法院第五个五年改革纲要(2019—2023)》(法发〔2019〕8号)。

③ 高鸿业:《西方经济学》,北京:中国人民大学出版社,2014 年,第 337–338 页。

上，它属于"界定和保护产权"的办法，是一种更优越的司法改革手段。

（三）建立民事诉讼合理开支费用分配制度的必要性

第一，从理论上看。它是贯彻公平原则和法经济学补偿性原则的必然要求。补偿性原则是西方法经济学对法律制度所强调的基本原则①。西方法经济学将福利经济学理论应用到法律制度分析之中。该理论强调法律决策的形成和法律规则的设计，应当运用"卡尔多—希克斯"标准②来度量法律制度对经济效率的促进作用。"卡尔多—希克斯"标准是一种潜在的帕累托标准。如果受损者通过"补偿性原则"得到了受益者的补偿，那么就完成了帕累托改进。从西方法经济学、福利经济学角度看，因当事人的不法行为或滥诉行为而给受害者造成的成本，应当由法律制度强制性地给予补偿，否则无法制止负外部效应现象。

第二，从制度建构上看。目前司法改革已经进入综合配套改革阶段，关于诉讼成本、诉讼费用分配的机制完善，显然是当前改革应当落实的任务。从推进司法改革的最终目的来看，司法改革在法经济学意义上的最终目标是国家提供的司法产品供给与经济社会的司法产品需求达到平衡。司法产品的供给与需求，是一

---

① 卢现祥、刘大洪：《法经济学》，北京：北京大学出版社，2007年，第22页。

② 所谓"卡尔多—希克斯"标准，即"如果发生了这样一种经济变化，这一变化使受益者对其所得利益的估价高于受损失者的估价。换句话说，即如果受益者所得到的利益补偿受损失者所受损失而有余，那么这种变化便意味着社会经济福利状况的改善"。杨德明：《当代西方经济学基础理论的演变》，北京：商务印书馆，1988年，第377页。

第五章 司法资源配置与经济研究方法

对辩证的关系。在司法产品生产要素①不可能无限增长的情况下，对无效率的、不必要的司法产品需求进行主动的"需求管理"，挤出不合理司法产品需求，是优化司法产品供给，更好满足经济社会对司法产品需求的必然要求。虽然经济增长与司法产品需求的增长，在经验和事实上确实存在一定的正相关关系，但这并不足以代表两者存在必然的同比例、同幅度增长关系。从数据上看，我国在1995年至2007年之间，一审结案总数较为平稳，甚至略有下降。而同期我国经济总量增长了3~4倍。近十余年来，我国法院诉讼收案明显增长，并出现了两个节点，一是在2006—2007年期间，二是在2014—2015年期间，前者与新的《诉讼费用交纳办法》实施有关，后者与立案登记制的实施有关。可见，诉讼费用与成本问题，是直接决定司法产品需求的关键性因素之一。在国库收取的诉讼费用制度改革面临的问题和阻力较大的情况下，当事人的合法诉权必须得到保护的前提下，诉讼合理开支分配制度的实施，无疑是调控司法产品需求、从源头上抑制纠纷发生，运用"经济杠杆"进行深度"诉源治理"最直接、最有效的手段。

第三，从实践的迫切需求上看。它是我国司法制度适应对外开放需求，优化营商环境的必然要求。在英美民事司法制度中，亦有不同形式的律师费用分担机制②。如前所述，知识产权司法领域的合理开支费用分配制度就是顺应国际上通行做法的反映。

---

① 按照经济理论，生产要素是指商品生产过程中不可或缺的各种因素的综合。张宇：《中国特色社会主义政治经济学》，北京：中国人民大学出版社，2016年，第185页。因此，司法产品的生产要素，是指司法产品生产过程中各种不可或缺的因素的综合。在实践中，也可以理解为司法资源。

② 刘东华：《论律师费用分配机制在纠纷解决中的作用》，《中国社会科学院研究生院学报》2013年第5期，第76-81页。

可见侵权违约者负担权利受害者诉讼成本开支，是一种惯常的制度安排。它不仅不是无关紧要、细枝末节的制度，相反，它往往是优化营商环境，适应对外开放要求的关键性制度。从实践中的反映来看，往往是以下两种现象并存：一方面，权利人"赢了官司，输了钱财"，因诉讼维权所得到的实际司法救济，有时候甚至难以弥补权利人因诉讼所消耗的各种开支，使许多权利受害者"知难而退"；另一方面，一些滥用诉权的当事人，轻率甚至恶意提起诉讼（或者随意、轻率地将与案件本来没有直接关系的当事人作为被告或第三人），给其他当事人造成"诉讼骚扰"，无辜被卷入诉讼的人，即使费时费力获得胜诉，也得不到任何的经济补偿。前者助长了侵权违约行为，甚至鼓励"依法拖延"；后者鼓励了滥诉恶诉行为，使诉讼制度成为谋取不当利益的博弈筹码。解决这些问题，要求我们必须建立和完善诉讼合理开支分配制度。

三、民事诉讼合理开支费用分配制度建构的基本原则

（一）补偿性原则

本制度设计的法经济学理论基础之一就是补偿性原则，即因当事人的不法行为、滥诉行为而给受害者造成的成本，应当由法律制度强制性地给予补偿，否则会造成负外部效应现象。具体体现在制度设计上，其基本原则是应当根据案件胜诉的情况，由败诉一方负担胜诉一方的合理费用开支。在某些民商事案件中，各方均对纠纷的发生有一定过错的，就不宜一律按照败诉方补偿胜诉方的原则处理。可以由人民法院根据案件纠纷形成原因、各方过错等具体情况，进行分配。部分类型的案件，没有明确的守法违法区别，或者没有明显的有无过错的区别，在这种情况下，胜诉败诉，难以简单判断。如，家事诉讼案件、破产（强清）案件等，相应诉讼标的通常并不是由于违法、过错导致，此类案件

不宜适用诉讼合理费用开支的分配。

（二）公平调节原则

本制度设计的基本目的之一是运用经济杠杆，调节当事人的诉讼行为，达到提高违法成本、抑制不法行为、防止滥诉的目的。因此，与诉讼收费制度类似，本制度应当赋予人民法院一定的依公平原则进行调节的权力，根据案件的具体情况，来调节双方开支的分配，以最大限度地实现实质公平。如，对于一方败诉被判承担责任的情况，如果败诉方在裁判前同意通过协商、调解等非诉讼、非裁判方式解决纠纷，或者愿意承担法律义务，权利人一方无正当理由拒绝，坚持要求裁判的，则参与该诉讼的合理费用开支，应当根据实际情况公平分配，不宜一概由败诉方承担。

（三）防止权利滥用原则

本制度的基本目的主要是补偿实体权益遭受损害者或者因滥诉行为而遭受损失者。但本制度有可能被有关主体滥用，用来进行"制度套利"，获取不正当利益。因此在制度设计上，必须防止有关主体利用本制度来不合理获取利益。例如，实践中一些原告批量起诉的案件，其分摊在每一诉讼案件的诉讼费用开支较低，如果每一案件都按一个标准计算开支，则可能使其获取不正当的利益。

（四）诉讼经济原则

本制度的基本目的之一就是贯彻法经济学基本原理，贯彻诉讼经济原则。因此在制度设计上也应当体现这一原则。首先，反映在数额上，参加诉讼合理费用开支的计算，金额通常不宜过高，以适当补偿为目的，要避免诉讼解决纠纷的投入与以诉讼维护权益的目的（即产出）严重不成正比的情况。其次，在诉讼合理费用开支的计算方法上，要贯彻简便原则，采取定型化计算为主,当事人举证证明为辅,人民法院依公平原则进行调节的基本计算方法,避免计算方法过于烦琐。第三,关于该费用开支的分配本身,其争议范围总体较小,因此相应的争议解决程序也应简化,降低成本,不宜烦琐,造成额外讼累。第四,小额诉讼程序,本身就属于小额快速纠纷解决机制,不应适用本制度。

(五)法治原则

本制度的设计应当贯彻法治原则,即规则明确,具有可预见性。反映在具体实施上,至少应当由最高人民法院制定出台司法解释、全国人大常委会备案的方式来实现。考虑到各地法院具体情况不一,相应的司法解释规定可以授权各高级人民法院对具体费用计算标准尺度做出补充、变通规定,报最高人民法院批准后实施。从具体推进方法而言,最高人民法院"五五改革纲要"的分工方案(法发〔2019〕99号)提出了"2019年向司法部提请修订《诉讼费用交纳办法》,并完善配套举措"的要求[①]。本制度可以视为"完善配套举措"的具体办法之一,应纳入改革项目,使其具有相应的推进依据。

四、诉讼合理开支费用分配制度的若干关键问题

(一)关于适用范围

从法经济学和公共经济学角度看,刑事案件的审理更接近于公共物品性质,刑事附带民事案件亦如此,不应适用诉讼合理开支分配。行政诉讼案件带有监督行政机关的政治职能,也带有强烈的公共物品性质。而民事诉讼更在理论上接近于私人物品,其诉讼收益主要是为了维护权利人的私人权利,因此民

[①] 《最高人民法院关于深化人民法院司法体制综合配套改革的意见——人民法院第五个五年改革纲要(2019—2023)》(法发〔2019〕99号)。

事诉讼适用本制度是符合补偿原则、公平原则的（但前文提到的家事、破产等案件不宜适用）。另外，督促程序、特别程序、小额诉讼程序等，属于成本较低的快速争议解决程序，通常也不宜适用本制度。需要特别说明的是民事申请再审程序的开支费用问题。由于2007年《民事诉讼法》修改，民事申请再审门槛大幅度调低，滥用该制度的情况也比较普遍，各高级法院、最高法院各巡回法庭受理的"申"字号案件逐年快速增长，同时也给对方当事人带来了额外的诉讼负担。因此，民事案件再审（含再审申请审查）亦应适用本制度，但应注意民事再审的审判监督特征。

（二）关于计算标准

如前所述，诉讼合理开支费用的计算标准应采取定型化计算为主，当事人举证为辅，人民法院有权进行调节的原则确定。主要费用计算项目如下：（1）伙食费。可以参照国家公务人员出差标准计算。（2）误工费。按照受诉地法院所在省上年度平均工资计算。（3）交通费。当事人住所地、经常居住地在受诉地法院地、市、州一级行政区内的，不再计算交通费。在受诉地法院地、市、州一级行政区外的，据实计算。未提交有效证据的，可以采取定型化计算方式，具体见文后所附建议稿。以上费用均为非律师、非法律工作者参加诉讼的情况。（4）律师费。由当事人提交律师费用票据证明。律师费用明显较高的，由人民法院予以调减。当事人不能提交相应票据证明的，但律师接受委托参与诉讼的，可以参照前述深圳经济特区的特区法规的思路，在较小额度内直接确认。具体标准见文后所附建议稿。（5）调查取证费。根据当事人举证据实计算。当事人已委托律师的，一般不支持。但公证机构进行证据保全收取的费用，一般应当支持。

为贯彻诉讼经济原则和防止"制度套利"，在某些特殊情况下，以上费用不予计算。如（1）案件未开庭审理（含证据交换、询问、听证等）的，一般不予计算；（2）当事人或其诉讼代理人缺席庭审（含证据交换、询问、听证等），对应的费用不予计算；（3）当事人委托了律师，但律师缺席庭审（含证据交换、询问、听证等）的，一般不予计算律师费用（这是为了防止律师仅挂名而不实际参加诉讼而进行制度套利）；（4）人民法院到当事人住所地、经常居住地的街道、乡镇范围内进行巡回审理，或者该当事人住所地在基层人民法庭辖区内的，不再计算该当事人的交通、伙食、误工、住宿费用。

（三）关于分配规则

分配规则可以参照《诉讼费用交纳办法》规定的基本原则，贯彻败诉方补偿胜诉方的原则。部分胜诉部分败诉，原告的请求没有得到全部支持，或者双方、各方对纠纷发生均有一定过错的，由人民法院根据案件具体情况进行公平分配。同时，分配规则设计还应当贯彻鼓励当事人自行和解、调解，通过非诉方式解决争议的原则，如果一方当事人同意调解、和解或者同意履行法律义务，对方当事人无正当理由拒绝，坚持要求法院审理和裁判的，人民法院应当视情况加重该当事人的费用分配。

（四）关于费用分配的记载

参照诉讼费用分配规定，在结案裁判文书中，将当事人参加诉讼合理支出费用分配予以单列，在裁判主文之后单列一段予以叙述，在诉讼费用分配的叙述之前。需要重点说明的是民事再审案件的费用分配记载。在再审申请阶段，被申请人参加人民法院组织的询问后，再审申请被驳回的，相应的诉讼程序结束，费用分配应计入再审审查裁定书；如果案件被提审、指令再审的，相应的费用计算应合并入再审阶段，在再审审理裁判文书中记载。

（五）关于争议解决程序

参照《诉讼费用交纳办法》的规定，贯彻诉讼经济原则，对法院一审裁判文书中做出的当事人诉讼合理费用开支分配不服的,不得单独提起上诉,可以向原一审法院申请复核。对二审裁判文书做出的费用开支分配不服的,亦不作为启动再审的理由。人民法院发现对当事人诉讼合理费用开支计算和分配有错误的,可以以裁定方式进行补正(参照现行《民事诉讼法》及相应解释对诉讼费用分配的规定)。

(六)关于执行程序

由于当事人参加诉讼费用是当事人的私权利,与诉讼费用作为公共财政收费的性质不同。因此,两者的执行程序有所区别,但可以适当参照。这里需要区分生效裁判文书有无实体可执行内容分别设计。生效裁判文书的实体权利部分有可执行内容的,由原告一方申请强制执行实体权利时一并执行。生效裁判文书实体权利部分无实际可执行内容的(包括驳回原告诉讼请求,且确定由原告负担被告、第三人费用的情况),有关当事人显然不必再另行起诉追讨相应参加诉讼的开支费用,而是允许其单独就参加诉讼合理开支费用向原告申请强制执行,申请期限适用现行《民事诉讼法》的申请期限规定。

(七)关于逾期举证费用赔偿的程序

如前所述,现行司法解释关于逾期举证费用的赔偿规定事实上是"沉睡条款",主要原因是缺乏便捷的实现程序。而本规定已经设计了相应实现程序,完全适用于逾期举证费用赔偿规定。故在本规定设计上,应明确予以参照适用。

五、制度设计建议稿:《关于建立当事人参加民事诉讼合理开支费用分配制度的规定》

第一条【适用的程序范围】当事人依法参加民事、行政一审、二审、再审(含申请再审审查)案件,相应诉讼阶段的合理费用开支分配负担,适用本规定。

督促程序、特别程序、小额诉讼程序不适用本规定。对小额诉讼案件申请再审的，适用本规定。

刑事附带民事诉讼不适用本规定。

家事诉讼案件、破产（强制清算）案件，不适用本规定。

第二条【出庭人员交通、伙食、误工、住宿费用】当事人出庭人员住所、经常居住地在受诉地人民法院所在地、市、州一级行政区的，其参加诉讼的合理开支包括本地交通、伙食费和误工费。伙食费数额参照国家公务人员出差伙食费标准，按出庭人数、天数计算。误工费按受诉地法院所在省上年度平均工资，按实际出庭人数、天数计算。

出庭当事人住所、经常居住地不在受诉地人民法院所在地、市、州一级行政区的，参加诉讼的合理开支包括前款费用外，还应包括异地交通费、住宿费。异地交通费由当事人提交往返火车票（高铁二等座、硬卧、硬座）、飞机票（经济舱）、长途汽车票、轮船票据实计算。当事人未提交上述往返交通票据的，按省（自治区、直辖市）内400元/人、省（自治区、直辖市）外800元/人计算。住宿费以实际发生住宿开支为限，数额标准参照国家公务人员住宿报销标准，按出庭人数、天数计算。

出庭当事人为自然人的，出庭人数按1人计算。出庭当事人为法人或其他组织，法定代表人或负责人出庭的，按1人计算。法人或其他组织依照《民事诉讼法》规定另行委托其管理人员、职工作为诉讼代理人出庭的，按相应人数计算。

第三条【律师费用】当事人委托律师参加诉讼，由当事人提交律师费用票据证明。律师费用明显较高的，由人民法院合理予以调减。

一审简易程序审理、申请再审审查案件，当事人主张的律师费用为3000元/件以下的，或者按一审普通程序、二审程序审理的案件，当事人主张律师费用为5000元/件以下的，为免证事

第五章 司法资源配置与经济研究方法

实,无须举证。

第四条【调查取证费用】调查取证费用,由当事人举证证明,由人民法院根据与案件法律事实的关联性、必要性审查认定。

当事人委托律师代理诉讼的,一般不再另行计算调查取证费用,但公证机构收取的证据保全费用除外。

第五条【多个案件费用的合并】同一当事人参加若干个诉讼案件发生的诉讼开支,分别计算。但同一当事人的不同案件,人民法院合并审理的,同一当事人仅计算一次费用。涉及对方多个不同当事人的,该费用应当进行分担。

第六条【庭前会议、询问、调解程序参照】人民法院对诉讼案件组织庭前会议、组织询问、调解的,可以参照本规定有关开庭的规定。

诉讼案件多次开庭,或者既有开庭,又有庭前会议、询问、调解的,按当事人、律师实际参加诉讼的天数确定。

第七条【不予计算的情形】案件未开庭审理的,一般不予计算第一条至第四条规定的合理开支。

当事人或其诉讼代理人缺席庭审的,对应天数的交通伙食误工住宿费用不予计算。律师缺席庭审的,一般不予计算律师费用。当事人在同一诉讼程序阶段变更代理律师的,仅计算一次律师费用。

人民法院到当事人住所地、经常居住地的街道、乡镇范围内进行巡回审理,或者该当事人住所地在基层人民法庭辖区内的,不再计算该当事人相应的交通、伙食、误工、住宿费用。

第八条【参加诉讼合理开支的分担原则】当事人败诉的,应当按照上述第二条至第七条的规定,承担胜诉的对方当事人、第三人的诉讼合理开支。

部分胜诉、部分败诉的,由人民法院根据判决实际情况分配各方的合理诉讼开支。

承担法律责任的当事人虽然败诉，但在诉讼前、诉讼中同意调解、和解，或者明确表示自愿履行、部分履行义务，或者承认、部分承认对方诉讼请求，但胜诉的权利人无正当理由拒绝，坚持要求裁判的，由人民法院参照前款规定分担双方参加诉讼的合理开支。

第九条【诉讼合理开支请求提出】当事人主张对方承担本方参加诉讼的合理开支，应当在诉讼请求（或上诉请求、申请再审事由）、答辩、陈述意见中明确提出。没有明确提出的，人民法院对该当事人一方参加诉讼的费用开支不予处理。

当事人在诉讼中明确表示放弃本方参加诉讼的合理开支费用要求的，人民法院不再处理。

第十条【合理开支在裁判中的记载】一审、二审诉讼案件以判决、裁定方式结案的，人民法院应当将各方当事人参加相应诉讼阶段的合理开支费用分配记载在判决、裁定主文之后，诉讼费用分配之前。

民事再审申请被驳回的，或者申请人撤回再审申请的，当事人参加再审审查阶段的开支费用，记入申请再审审查裁定书。人民法院决定提审、指令再审的，相应的开支费用与再审审理阶段合并，记入再审审理裁判文书。

第十一条【调解、和解撤诉的处理】当事人进行调解、庭外和解的，可以对参加诉讼的合理开支进行协商。

人民法院根据调解协议、和解协议制作调解书、准许撤诉裁定书时，可以根据当事人协议，将开支费用分配记载在调解书、准许撤诉裁定书内。

在调解协议中，当事人对参加诉讼的合理开支没有明确协议约定的，人民法院在制作调解书时，可以根据第八条的规定，依职权进行分配。

第十二条【对开支分配不服的处理程序】当事人认为人民法院判决、裁定中关于对参加诉讼的合理开支费用计算或分配有错误的,可以在收到判决、裁定后十日内,向做出该判决、裁定的人民法院申请复核。人民法院复核后认为确有错误的,应当做出补正裁定。人民法院复核后认为无误的,告知该当事人。

当事人仅就一审判决、裁定中该参加诉讼的合理开支费用计算和分配单独提出上诉的,上级人民法院不予受理。

第十三条【参加诉讼合理开支的执行程序】生效裁判有实体给付内容的,胜诉原告参加诉讼的合理开支,与其实体权利一并执行。对生效裁判负有执行义务的当事人,其参加诉讼的开支应当由申请执行的权利人负担的,充抵其应给付的义务。

生效裁判没有实体给付内容,但对参加诉讼的合理开支作出分担的,附有费用给付义务的人,应当在判决生效后15日内给付。逾期未给付的,当事人可以申请人民法院强制执行参加诉讼的合理开支。申请执行期限适用《民事诉讼法》的规定。

第十四条【逾期举证费用分配参照条款】《最高人民法院关于适用〈中华人民共和国民事诉讼法〉的解释》第一百零二条第三款规定的关于一方当事人逾期提供证据造成的相应费用,计算和处理程序,参照本规定执行。

第十五条【授权各省对费用计算进行调节】各省、自治区、直辖市高级人民法院可以根据本地实际情况,对本规定第二条、第三条、第四条规定的具体费用标准,做出变通、补充规定,报最高人民法院批准后执行。最高人民法院各巡回法庭,可以参照执行派驻地高级人民法院的相应规定。

第六章 诉讼程序与法经济学研究方法

第一节 关于民事诉讼制度现代化的思考[①]

全面推进依法治国,建设中国特色社会主义法治体系,就是要构建符合现代社会治理要求的良法及其治理体系,是服务国家治理体系和治理能力的现代化的重要组成部分。民事司法是法治体系中的重要环节,现代化的民事司法制度对于国家治理体系建构的重要性不言而喻。构建现代化的民事诉讼程序以及相应的制度,必须结合到中国当前的具体法治实践,进一步完善民事诉讼制度。

一、中国特色社会主义法治体系建设背景下民事司法呈现的主要特点

在当前构建中国特色社会主义法治体系、推动国家治理体系、治理能力现代化的大背景下,民事司法呈现出自身显著的阶段性的历史特点。

特点一:民事实体领域立法不断完备和社会法治意识的不断提升,使大量民商事争议具备司法解决的可能与条件。随着中国特色社会主义法律体系的基本形成,我国立法特别是民商事立法

[①] 原载于《人民法治》2015年第3期。与谢商华合著。此次收入本书时,笔者结合最新材料,做了一定删改。

将迎来一个长足的发展时期。除了民法典以及相关商事特别法律将更加完备之外，涉及环境保护、食品安全、劳动、社会保障、交通运输等经济、社会法律中的特别民事规则将进一步完善。相关民商事争议具备了通过裁判依法解决的条件，将有大量的民商事法律纠纷转化为民商事案件涌向人民法院。同时，随着人民法院立案审查制向登记制的改革落实，民事诉讼案件数量将持续保持高位运行态势，民事司法牵涉的社会利益广度、深度都将进一步拓展。

特点二：随着民事实体争议数量迅速攀升，诉讼类型、主体诉求更加多元化，公正妥善处理的难度进一步增加。随着法治体系建设推进，立法的不断完善，不仅民商事案件数量将持续快速增长，并且民商事纠纷类型不断增加。除了传统的民事案件外，各类新型商事案件、知识产权案件、网络侵权案件，以及涉及环境污染、消费者权益、食品安全等案件，以民事诉讼形式进入法院。据统计显示，近年来传统民事纠纷在民事审判中所占比例有所缩小。此外，随着利益格局的深刻调整，人们追求利益的欲望被激发出来，贫富差距、分配不公以及其他民生问题引发大量利益冲突。不同的利益主体的诉求多元，对通过民事诉讼手段谋求自身利益有更高的期待。一些借用民事诉讼进行牟利，乃至制度套利的现象也开始出现，如利用民事诉讼进行牟利的职业打假人、知识产权"碰瓷党"、一些地区的职业放贷人，等等。人民法院通过民事司法活动，准确适用法律，公正处理相关冲突纠纷，难度越来越大。

特点三：经济、社会领域对与民事司法输送明确、清晰的民商事活动规则的需求更加强烈，民事审判承担的社会职能更加突出。完整、清晰的规则体系是构建法治体系的基本条件。随着经济社会的快速发展，商业交易模式、居民生活方式日新月异，对相应民事行为规范、民事纠纷解决规则指引的需求日益强烈。虽然以宪法、法律、行政法规等成文立法为民事活动提供了主要规则框架，但成文立法空白、漏洞、滞后等固有的局限性，法院民事司法往往不仅是适用法律规则，更是通过审理具体案件向社会输送具体法律规则。特别是涉及新型权利、新的交易模式、边缘领域交叉的案件，虽然总量不大，却是民事司法的"牛鼻子"。以四川法院为例，近年来就受理了如"错领遗体""变性手术失败""不当出生""消费反向歧视""居民楼安装电信基站"导致的新型民事纠纷，亟待法院给出法律结论。可以预见，未来人民法院民事司法裁判的态度对经济社会的介入影响将更为直接，民事法官的智慧与经验将迎来更大的考验。

特点四：推进社会治理法治化的要求与旧制度、旧思维、旧的利益格局的惯性之间，冲突将持续存在，民事司法的有限性在某些局部可能将更加突出。这一特点突出表现在某些民事纠纷表面上具有可诉性，但背后涉及复杂的历史、政策、民间习惯等因素，旧制度、旧观念形成的旧的利益关系极其复杂，严格按照国家制定的民事法律规则予以裁量，可能背离相关群体认可的公正原则，可能引发激烈的反弹和难以评估的社会后果。因此，民事司法的有限性在相应局部，可能体现得更加明显，有必要通过其他纠纷解决方式予以大力支持和配合。

二、当前时代背景下人民法院实施《民事诉讼法》的若干难点分析

难点一：相对齐备的民事诉讼法律框架与相对空置的具体制度规范之间的矛盾日益突出。2012年《民事诉讼法》出台了如第三人撤销诉讼、小额诉讼等新制度、新规定，为民事诉讼制度的完善提供了立法支撑。但不少新制度、新规定主要来源于学理和立法的构造设计，而非对司法实践活动内生演化规则的认可。在贯彻实施《民事诉讼法》的过程中，从立法框架设计到具体

制度完善再到实践运转良好,仍是一项长期的工程。根据对法官的问卷调研显示,各级法院法官在理解适用相关新制度、新规定时,普遍感到程序缺乏具体制度规定是最为突出的困难。由于担心可能造成信访投诉或者错案等后果,相关制度的适用规模还未达到预想的水平。这一难题不仅影响了法律实施的实效,而且导致各地法院具体实施民事诉讼的尺度、做法的不统一,更损害了法律实施的公信力。

难点二:民事纠纷主体诉求的多样性与民事诉讼程序设计的相对单一性之间的矛盾日益突出。如,家事案件、民事交易案件、商事案件、知识产权案件以及涉及环境污染、消费者权益等案件,不同案件当事人的价值偏好呈现强烈的多样性特点。实质公正、程序公正、伦理道德、社会秩序、交易安全、诉讼效率等,这些重要的价值目标,民事诉讼制度都应当维护但又难以兼顾,不同当事人在不同案件当中追求的价值位阶各有差异。而现行民事诉讼法典仅提供了一种最大公约数性质的制度资源,程序设计相对单一。一些特殊案件类型,目前缺少特别的具体程序制度。大量的民事纠纷缺少"量身定制"的具体程序制度,这一矛盾既不利于案件繁简分流,实现司法资源的高效配置,也不利于满足日趋多元化的社会司法需求。

难点三:民事法律实施的多元化要求与民事司法单一格局之间的矛盾日益突出。民事法律实施特别是民商事违法行为的监督与民商事纠纷的解决,是一项多元化的系统性工程,需要各级党政部门、社会团体、企业和公民共同协力,不仅是人民法院一家的任务。司法诉讼的正式化、程序化、规范化决定了法院通过诉讼裁决方式实施法律的高成本、低效率特征。从现实情况来看,人民法院受案数量快速增长表明,人民法院承担了十分繁重的民事法律实施的职能。其他机关部门、社会团体及社会其他方面对民事法律实施的关注度相对较低,尚未形成全社会共同推进民事法律实施的意识，共同运用法律化解社会矛盾的良性格局尚未完全形成。这一突出矛盾使人民法院民事司法往往陷入较为孤立的局面，不仅持续增长的司法需求对公共司法资源构成了巨大的压力，而且运用司法公权力实施法律的刚性过强，在某些情况下不利于法律实施达到最大实效。这并不符合社会治理现代化的要求。

难点四：权利保障的社会诉求较为强烈与维护司法公信的法律措施相对匮乏之间的矛盾日益突出。司法公信力，是司法机关保障司法公正的能力与社会公众对司法机关公正司法信任度的统一，它并不是司法机关的部门利益，而是民主法治社会的共同财富。树立和维护民事司法公信力对于有效实现民事诉讼制度的基本目的具有重要现实意义。但在现有民事诉讼法律制度和司法环境之下，人民法院维护司法公信的法律措施和资源相对匮乏，对于一些规避法律责任、逃避法庭义务、抗拒法律实施的不法行为，处罚约束措施相对较少。还有相当数量的已决案件没有得到自动履行和有效执行。当事人滥用诉权、伪造证据、欺骗法庭等不诚信行为在法律上的处置力度也比较薄弱。此外，一些负有配合人民法院进行民事司法相关活动的单位、部门，如相关金融机构、鉴定机构等，拖延、推诿、不配合正常民事司法活动的问题较为突出。这一问题如果得不到有效解决，将加剧社会对民事司法的误解，反过来又成为制约司法公信力提升、阻碍民事法律实施的重要因素。

难点五：民事司法更高的专业化要求与法官群体相对较低的职业化程度之间存在明显矛盾。随着我国法治体系建设的不断深入，民商事立法不断精细化、专业化。但与此同时，民商事审判的法律适用来源绝不仅仅是民商事专门立法，司法案件的公正裁判往往需要超越相关专业法律范畴，以综合知识、统筹思维方能妥善解决。这对于民商事审判法官来说，既必须精通某一门类的专业法律知识，又必须从整体上把握民事法律原理和审判规律，统筹民商法律适用尺度，形成统一的法律思维和司法方法体系。毫无疑问，民事法官群体的职业化，是实现民事司法制度现代化的基本硬件要求。这方面尽管已经取得长足的进步，但是从整体上看，当前和未来相当长一段时期，民事法官群体整体上的司法能力与时代的要求还存在较大的差距。这既有人员招录体制机制的原因，也有司法职权配置与审判权力运行机制不完善的原因。打造职业化民事法官群体，吸引和维持法官职业对优秀人才的吸引力，实现审判人力资源的合理配置，任务仍然十分艰巨。

三、关于当前背景下推动民事诉讼制度现代化的几点思考

在当前我国建设社会主义法治体系的大背景下，进一步推进《民事诉讼法》的实施，完善民事司法制度，必须努力破解当前民事诉讼法律实施的主要难点，推动国家治理体系和治理能力的现代化，我认为，有必要从以下几个重点方向入手，加强理论研究和实践研究，共同推动民事司法制度的现代化。

（1）整合和调动传统治理体系的有益资源，构建现代化的民事法律实施体系。民事诉讼制度是民事法律实施体系中的重要组成部分，但将实施民事法律的任务过度向民事诉讼制度挤压，不仅不符合经济原则，也难以达到较好的法律实施效果。民事诉讼制度的现代化，离不开民事法律实施体系整体现代化的通盘考虑。民事法律实施体系的现代化，需要整合和调动原有治理体系中的力量和有益资源，共同推动民事法律体系的全面实施。从市场与社会角度来看，应当进一步鼓励和规范商事团体、社会团体、基层自治组织的自律自治行为和化解民商事纠纷争议的活动，发挥其作为民事法律实施体系中的基础性作用。从政府机关角度来看，由于行政机关及其部门具有监管特定领域民商事活动法定职责和配置相关领域资源的权力，对于化解特定领域内民商

事纠纷，推动民商事法律有效实施具有特殊的关键作用，因此应当进一步调动相关行政部门的资源，发挥行政调解、协调等纠纷化解机制在民事法律实施体系中的关键性作用。从法律监督机关角度来看，在现代社会治理实践中，市场和社会领域中大量存在的涉嫌侵害国家利益、社会公益的民事违法行为，普通民事主体启动法律程序存在较大困难。因此有必要建构专门完善的法律监督程序对此类民事违法行为进行纠正。党的十八届四中全会提出探索建立检察机关提起公益诉讼制度，即为这一思路的具体体现。按照这一思路，借鉴相关法治国家经验，可逐步建立和完善更加科学化、现代化的民事（家事）检察监督制度，保障民事法律更好地实施。

（2）根据民事实体纠纷不同类型、不同阶段的特点，分别进行民事司法具体程序制度的建构设计。现行民事诉讼法形成了相对清晰的民事诉讼制度框架，但应对体量庞大、类型纷繁复杂的民事诉讼案件，还需要构建具体、多样化、体系化的具体程序规则。建议通过特别立法、司法解释、指导性案例等形式入手，坚持分别对待、分类处理的策略方向，更好地维护当事人合法权益，维护司法公正、提高司法效率。从案件类型来看，可以将适应家事案件、商事案件、知识产权、环境污染等案件自身特点的一些特别、具体程序制度建构、完善起来，使之更加系统化、规范化，更好地实现不同类型诉讼案件的目的，满足差异化的社会司法需求。从案件的难易程度来看，可以按照提升诉讼效率和繁简分流的要求，构建更加差异化的诉讼程序格局，将争议简单、小额案件程序从简易程序中进一步分离出来，从立案、送达、审理、文书制作等环节进一步简化程序，更加高效维护当事人权益。将争议复杂的疑难案件的程序设计进一步精细化，更好地保障程序公正和实质公正，进一步释放民事司法的制度红利，提高司法效能与司法公信。从案件不同环节来看，除立案、法庭审理、调解、审判监督等传统研究高度关注的诉讼环节外,其他环节如强制执行、诉讼保全、评估、鉴定、拍卖等直接关系当事人切身利益和保障司法公正最终实现的重要程序环节,更应引起高度关注,进行进一步的实践总结提炼,建构完善具体的制度设计。

(3)进一步强化增进和维护民事司法公信力的制度设计。司法公信的树立与维护对构建现代化民事诉讼制度的重要性不言而喻。针对当前司法公信建设面临的突出问题,十八届四中全会对维护和提升司法公信力问题予以了重点强调,并提出了制度构建完善方面的若干举措。因此,有必要从制约司法公信提升的若干突出难点,更好地加强民事诉讼制度及其他相关制度的建构,进一步强化民事司法公信力。从维护民事司法裁判终局性的维度,进一步完善审判监督制度的具体设计,完善再审启动、审理的具体程序。推动涉诉信访改革,推进诉访分离,加强缠诉闹访的治理实效;从保障诉讼活动顺利实施的维度,进一步强化对干预依法独立审判的惩戒力度,建立健全司法机关依法行使职权、拒不执行生效裁判和决定、藐视法庭等违法犯罪行为的具体裁量标准和特别法律程序。从制度设计上提升相关单位、机构配合民事司法活动的积极性;从司法公开的维度,进一步开拓司法公开的具体方式、内容、渠道、范围,完善司法与社会公众关系的具体措施,增强司法与社会互信。

(4)进一步推进民事法官职业化的配套体制机制建设。加强民事司法法官职业化建设,是一项直接关系民事司法公正的系统工程,除了法院内部体制机制的改革之外,还需要各项体制机制的配合跟进。在当前司法改革背景下,民事法官与辅助人员权力分工、分类管理的相关制度、民事法官选任制度,民事法官责任制度,法官职业保障制度,等都需要深入系统地进行学理和实践研究,并转化为具体的改革决策。鉴于时间关系,就不再具体阐述。

第二节 小额诉讼制度实施问题的法经济学研究

一、问题的提出

我国的小额诉讼制度是自2012年《民事诉讼法》修改时建立并于2013年初正式实施的。该法第162条规定:"基层人民法院和它派出的法庭审理符合本法第157条第1款规定的简单的民事案件,标的额为各省、自治区、直辖市上年度就业人员年平均工资百分之三十以下的,实行一审终审。"从各地基层法院具体事实状况的总体情况而言,小额诉讼制度实施5年来,其实施遇到了明显的困难,尚未充分达到制度设计的预想目的。如何从理论上来有效解释小额诉讼制度实施的现状和在实施中遇到的难题?如何更加有效地解决这些问题?笔者力求摆脱传统法学理论的研究套路,以经济学基本观点和分析方法出发,以制度参与者个体行为作为制度运行研究分析的微观基础,提出自己的解释和对策建议。

在2012年《民事诉讼法》修改之前的十余年,法学界就对建立小额诉讼制度问题进行了探讨。学者们普遍认为,小额诉讼制度的建立,符合民事诉讼程序的公正与效率协调兼顾的要求[1],满足当事人对民事诉讼的多元需求[2]。2012年《民事诉讼法》修改之际,大多数学者、实务专家对小额诉讼制度建立的必

---

[1] 潘剑锋、齐华英:《试论小额诉讼制度》,《法学论坛》2001年第1期。

[2] 傅郁林:《繁简分流与程序保障》,《法学研究》2003年第1期。

第六章　诉讼程序与法经济学研究方法

要性做了充分肯定①，有的认为小额诉讼程序有利于保障当事人"接近正义"的机会平等、有利于程序效益最大化、符合费用相当性原则②。最高人民法院对该制度也抱有较高的期望，预计制度实施后，小额诉讼案件应当占到全部民事案件的30%左右③。也有少数学者对该制度建立的必要性提出了质疑④。2012年《民事诉讼法》修改后，围绕小额诉讼制度的研究，大体可以分为两类。一类是主要针对小额诉讼制度在北京、广东等各地方基层法院的具体实施情况进行经验实证研究⑤；另一类是围绕现行法律

---

① 王亚新：《〈民事诉讼法〉修改中的程序分化》，《中国法学》2011年第4期；汤维建、齐天宇：《〈民事诉讼法〉全面修改的若干重点研判及立法建议》，《苏州大学学报》2012年第3期；齐树洁：《对构建小额诉讼程序若干问题之探讨》，《国家检察官学院学报》2012年第1期。

② 肖锋：《小额诉讼程序的价值定位与制度分析》，《法律适用》2011年第7期。

③ 谢勇：《最高人民法院审判委员会专职委员杜万华2012年在宁夏调研时强调要认真做好小额诉讼实施准备工作》，《人民法院报》2012年10月9日，第1版。

④ 范愉：《司法资源供求失衡的悖论与对策——以小额诉讼为切入点》，《法律适用》2011年第3期。

⑤ 廖万春等：《完善小额诉讼制度 规范程序救济途径——广东高院关于小额诉讼制度实施情况的调研报告》，《人民法院报》2014年5月8日，第8版；陆俊芳、牛佳雯、熊要先：《我国小额诉讼制度运行的困境与出路——以北京市基层法院的审判实践为蓝本》，《法律适用》2016年第3期；唐力、谷佳杰：《小额诉讼的实证分析》，《国家检察官学院学报》2014年第2期；占善刚、施瑶：《关于小额诉讼制度的实证研究——以岳阳市部分基层法院为调研对象》，《河南财经政法大学学报》2016年第3期；康娜、董国经：《民间借贷案件适用小额诉讼程序的实证分析》，《山东大学学报（哲学社会科学版）》2017年第2期；康娜、董国经：《民间借贷案件适用小额诉讼程序的实证分析》，《山东大学学报（哲学社会科学版）》2017年第2期。为避免行文烦琐，本节以下论述中引用的各地实证数据、材料，除有特别说明者外，均来自以上相应的实证研究文献，不再一一注释。

规定，就小额诉讼制度进行逻辑实证、中外比较等方面的研究，从不同角度对该制度的具体设计提出了批评或完善建议①。

综合以上的研究，学者、实务专家普遍认为，小额诉讼制度的设计目的都带有司法公正与司法成本与效益的平衡考虑。围绕小额诉讼制度的研究几乎不可能逃脱公正与效率的权衡、诉讼成本及其收益的比较、特定司法资源硬约束下的社会效益最大化等这些法与经济学的基本问题。但目前国内围绕小额诉讼制度的文献，重点从法经济学角度进行研究的文献仅有一篇硕士学位论文②。从已知的文献研究来看，在法经济学观点和方法的应用上，尽管有的研究已经涉及公正与效率、"成本—收益"分析方法，但主要用于论证小额诉讼制度设置目的、价值以及解释其具体制度设计。这些研究不仅在法经济学方法的运用上较为肤浅，并且主要停留在一些显而易见、无须运用法经济学理论反复论证的结论上。法经济学研究很重要的应用价值之一，在于对"法条主义"作风的批判③，也就是着重于对法律制度动态运行的现状、问题进行分析与解释，而非仅仅停留于解释论证静态的纸面法律条文。对小额诉讼制度实施过程中出现的种种不足和背离最初设计预期的现象，虽然有了一定的经验实证研究，但尚没有系统运用法经济学观点和方法进行研究和解释的文献，总体上的解

---

① 肖建国、刘东：《小额诉讼适用案件类型的思考》，《法律适用》2015年第5期；许尚豪：《小额诉讼：制度与程序——以新修改的我国〈民事诉讼法〉为对象》，《政治与法律》2013年第10期；蔡彦敏：《以小见大：我国小额诉讼立法之透析》，《法律科学（西北政法大学学报）》2013年第3期；等等。

② 王亚芳：《小额诉讼的法经济学分析》，烟台大学硕士学位论文，2014年。

③ 卢现祥、刘大洪：《法经济学》，北京：北京大学出版社，2007年，第7页。

释力、对策力尚有不足。

因此，本节在借鉴以上文献研究成果的基础上，结合作者在S省法院调研掌握的部分情况，综合运用法与经济学的理论观点与方法，提出自己的解释框架和对策。

二、小额诉讼制度实施中的问题表现

综合现有公开发表的实证研究文献，结合作者对所在的S省法院系统的调研所掌握的数据和情况[1]，小额诉讼制度存在比较明显的"实施难"现象，并没有达到该制度设计者的预期，其表现具体包括以下三个方面。

（一）实际适用比率极低

按照制度实施前最高人民法院的估计，制度实施后，小额诉讼案件应当占到全部民事案件的30%左右[2]。但无论是从公开发表的研究文献，还是作者调研掌握的情况来看，该目标远远没有

---

[1] 就本节所引小额诉讼相关数据、问卷调查结果等实证材料，除有特别说明的之外，关于S省法院的有关数据来自作者在该省高级法院调研所掌握的情况。关于其他省市基层法院的数据和经验实证材料，来自目前已公开发表的下列实证研究文献。廖万春等：《完善小额诉讼制度 规范程序救济途径——广东高院关于小额诉讼制度实施情况的调研报告》，《人民法院报》2014年5月8日，第8版；陆俊芳、牛佳雯、熊要先：《我国小额诉讼制度运行的困境与出路——以北京市基层法院的审判实践为蓝本》，《法律适用》2016年第3期；唐力、谷佳杰：《小额诉讼的实证分析》，《国家检察官学院学报》2014年第2期；占善刚、施瑶：《关于小额诉讼制度的实证研究——以岳阳市部分基层法院为调研对象》，《河南财经政法大学学报》2016年第3期；康娜、董国经：《民间借贷案件适用小额诉讼程序的实证分析》，《山东大学学报（哲学社会科学版）》2017年第2期。为避免烦琐，在行文时就不再逐一注释，特此说明。

[2] 谢勇：《最高人民法院审判委员会专职委员杜万华2012年在宁夏调研时强调要认真做好小额诉讼实施准备工作》，《人民法院报》2012年10月9日，第1版。

达到。以 S 省为例,2013—2015 年三年间,全省基层法院(下同)共审结小额诉讼程序案件 10641 件,与同期审结的一般简易程序审结案件总数(1075491 件)的比例为 0.99%,与同期基层法院审结一审民事案件总数(1272387 件)的比例为 0.84%。从标的额上看,同期结案标的额在法律规定的小额程序适用标准上限之下的民事案件为 623586 件,实际审结小额程序案件与该数的比值为 1.71%。同样,该现象在全国其他一些地方也普遍存在。来自北京市、广东省、湖南省岳阳市等地法院的经验实证研究,也不同程度支持上述结论。针对这一现状,有学者甚至认为,小额诉讼有沦为一个"虚置性程序"的危险[1]。

(二)类型相对集中,有成为公司企业批量讨债工具的倾向

以上述 S 省基层法院审结的 10641 件小额诉讼案件为例,共涉及 109 个案由,案由分布呈现严重的两极分化。其中最多的为物业服务合同纠纷,达 3147 件,占总数的 29.57%;排名第二的为金融借款合同纠纷,共 1234 件,占总数的 11.6%;排名前两位的案由均为公司批量追债的案件,占案件总数的 41.17%。同样,从北京市、广东省的实证研究结果看,物业、供热、电力、电信企业是小额诉讼制度的主要运用者。由此可见,小额诉讼制度预想的能够促进民众接近司法,惠及普通大众的预设目的并没有充分实现。

(三)对人民法院整体提高诉讼效率、降低诉讼成本的效果有限

由于适用小额诉讼程序的案件在总体受案数量中的比例很

---

[1] 严仁群:《小额诉讼程序移植困境之省思》,《江苏行政学院学报》2015 年第 3 期。

小,因此对提高整个人民法院诉讼效率的帮助并不大。甚至不如2012年之前最高人民法院推广的"小额速裁"程序试点的效果显著。以北京市基层法院的实证研究为例,北京市小额诉讼案件2013年度、2014年度、2015年度(1至5月)的平均审理天数分别为22天、29天、35天,同期其他简易程序民事案件平均审理天数分别为38天、42天、43天。两者相比并没有明显的变化。并且从全部民事案件的平均审理天数上来比较,2011年度、2012年度均为50天,2013年度、2014年度、2015年度(1至5月)分别是51天、58天、56天。可见,小额诉讼制度实施后,整体审判效率不仅没有提高,反而有所降低。来自广东法院的数据也与此类似。应当注意这样的事实:相比一般的简易程序案件,适用小额诉讼程序的案件已经是相对更为简单的案件,那么即使不适用小额诉讼程序,这类案件的审理周期也不会有明显变化。因此,就目前的经验实证研究所发现的证据,并不能证实小额诉讼制度确实提高了法院民事诉讼效率。

三、小额诉讼制度参与者博弈策略选择分析

针对前述小额诉讼制度实施中的问题,相关经验实证研究文献已经提出了一些解释对策,但理论深度和解释力都存在着明显的欠缺。作者认为,小额诉讼制度已经实施5年之久,如果说是因为基层法官、诉讼参与人普遍不了解而不运用,这是不可能的。从经济理论角度看,小额诉讼制度有关的信息,制度参与者可以视为是信息完全的。那么关于小额诉讼制度实施难的结果,必定是各方制度参与者理性选择之后的结果。从博弈论的基本观点看,各方相互博弈(或者说相互影响),而形成的策略选择和博弈结果最终呈现相对稳定的状态。如果各方参与主体都没有意

愿单方改变自己的策略选择,那么这一状态即为纳什均衡状态①。本节抽象提炼了围绕小额诉讼制度的五方参与者,并逐一分析其策略选择,以便对该博弈过程进行均衡分析。

(1)高层级法院的决策者(制度实施推动者、倡导者)。这一主体的行为倾向是改进法院系统的整体工作状态,即案件整体的公正和效率水平,从整体上解决影响法院公正和效率的突出问题,特别是缓解"案多人少"的突出压力。这类主体所采取的策略是积极推动小额诉讼制度的大面积实施,倾向于向基层法院施加更大的压力,要求大力实施小额诉讼制度。如S省高级法院曾多次下发文件,要求各基层法院加强小额诉讼制度的适用;该高级法院近年来还在案件审判管理系统增加了专门的"小额诉讼程序"模块,对案件标的额符合小额诉讼的案件,自动识别为按小额诉讼程序立案和审理。

(2)基层法院法官(制度直接的操作者)。如果我们把理性人假设应用在基层法院法官身上,那么这一类主体的行为取向通常是个体风险最小化。这是因为,根据现行的法官待遇和薪酬体制,法官的政治待遇、经济待遇在短期内是刚性的,并不会因为办案业绩的优劣而在短期内发生明显的变化;而办理案件中的错误、疏失或当事人的信访行为甚至极端行为风险则会直接给法官本人带来直接的、即时的不利后果。作者认为,这一假设是基本符合司法经验实际的。那么,从基层法院法官的角度来看,小额诉讼制度实施带来的主要是负面效应,而制度实施带来的益处是次要的,甚至是可以忽略不计的。具体分析如下:第一,由于当

---

① 所谓纳什均衡,是指在参与人可选的战略组合中,没有参与人能在给定的对方战略选择情况下,通过选择其他战略而使情况变得更好,每个参与人选择的战略是对对方所选择战略的最优反应。道格拉斯·G.拜耳:《法律的博弈分析》,北京:法律出版社,1999年,第17页。

前小额诉讼制度强制性"一审终审"的特点,将使当事人不再具有获得上诉改判的机会,那么原本可以通过二审法院来分担的当事人责难压力和案件错案责任、信访风险,改为直接由基层法官承担。第二,如果遇到被告采取拖延诉讼策略,使送达程序困难,无法达到小额诉讼的审限,将使基层法院办案法官的业绩考核受到很大影响。以上两点在有关文献对北京市、广东省基层法院法官的问卷调查中,都得到了验证。第三,根据现行《民事诉讼法》的规定,小额诉讼程序的特点主要是"一审终审",其他与一般简易程序在程序简易程度上区别并不明显。即使是最高人民法院相关的司法解释出台后,相关操作细则也尚不明确,需要各地基层法院自行探索①。可见,小额诉讼制度实施直接减轻的是基层法院的上级法院的上诉案件压力,而并不会直接减轻基层法官的案件工作压力。如果假设基层法院法官是倾向于个体风险最小化的理性人,那么综合以上的利害权衡分析,基层法官的占有行动策略显然是对小额诉讼制度实施不积极,采取相应的策略逃避小额诉讼程序适用。

(3)基层法院管理者(制度实施的重要参与者)。该制度对基层法院管理者来说,具体有两个方面的影响。一方面,这些管理者与高层级法院决策者有利益取向基本一致的方面,在一定程度上希望增加小额诉讼使用比例(如政绩、绩效考虑)。但另一方面,正如上文对基层法官行为策略的分析,由于小额诉讼"一审终审",制度实施带来的工作压力和矛盾冲突风险减轻的"福

---

① 即使是在最高人民法院 2015 年 2 月印发《关于适用〈中华人民共和国民事诉讼法〉的解释》对小额诉讼程序进行专门规定之后,最高人民法院相关负责人也认为:"《解释》的规定还比较原则。今后,最高人民法院将在总结各地法院审判经验的基础上,不断细化相关规定。"参见杜万华:《〈民事诉讼法〉司法解释重点问题解析》,《法律适用》2015 年第 4 期。

利"主要由上级法院获得,而责任、风险和压力由自己的法院承担。并且,一线法官面临的压力风险,会直接传导由基层法院管理者承担。因此就这类主体而言,存在着两个相反方向的行为策略倾向。但是,权衡两者利弊,通常而言这类主体从总体上采取的策略倾向是配合一线法官避免小额诉讼程序适用。

(4)案件当事人(制度实施根本上的利益相关者)。这里应当区分原告和被告。原告通常是债权人,那么看似"一审终审"应该是对原告有利。但应当注意,这个结论是有假设前提的。首先,原告必须对一审胜诉预期概率足够高,才会倾向于"一审终审"。第二,现行《民事诉讼法》对小额诉讼"一审终审"的适用范围较窄,为标的额在"各省、自治区、直辖市上年度就业人员平均工资百分之三十以下"的案件。从"成本—收益"分析方法可以很容易证明,过低的标的额上限和过窄的适用范围将使"一审终审"带来的二审诉讼成本的节约福利变得无足轻重。这会导致两极化的倾向:收入较高者对诉讼所带来的时间经济消耗的机会成本评价更高,认为通过诉讼渠道主张小额债权不合算,更倾向于小额债权不起诉。而低收入者的诉讼机会成本更低,并且更看重小额债权的利益,因此对二审诉讼成本的节约更不敏感,对二审救济的机会相对更为看重。这一点在北京市的经验实证研究中也得到了印证。第三,由于小额诉讼实现的债权标的额小,只有诉讼成本充分压低,当事人才能够通过选择小额诉讼程序获利。而通过压缩诉讼周期降低诉讼成本的办法是极其有限的,真正能够明显压缩诉讼成本的办法是批量起诉。通过这三个层次的"成本—收益"分析,我们就能够解释为什么小额诉讼程序实际上更多地被企业用于批量收债,而其他普通民众对小额诉讼制度的应用较少的现象了。从被告角度看,采取形式合法的诉讼程序拖延策略对其更有利,例如利用管辖异议、下落不明等手段拖延审限、明显无理的上诉等。因此,往往被告会有较强的动力采取各种手段避免小额诉讼程序的适用。

（5）其他机关部门及社会公众（潜在的制度实施利益相关者）。根据广东省的经验实证研究所做的问卷调查，一定范围内的社会公众对小额诉讼制度特别是"一审终审"仍然抱有怀疑态度。另外，对人民法院具有监督职能的机关（如检察机关）的态度，也会对小额诉讼制度的实施发生影响。如检察机关专门加强了对小额诉讼的检察监督的研究①。从目前总体看，这一类主体对小额诉讼制度抱有一定怀疑态度，其行为策略包含着对小额诉讼制度实施负向作用力的倾向。

四、小额诉讼制度参与者的博弈结果

分析了上述五个方面主体及其利益取向与行为策略之后，我们可以将小额诉讼制度作为分析对象，借用力学的静态"受力分析"方法，分析各方围绕小额诉讼制度进行博弈后形成的"合力"，也就是均衡状态是怎样的。

（一）从基层法院一线法官和管理者的角度来看

他们是制度直接的操作者、重要参与者，他们的行为策略选择对小额诉讼制度的实施具有最强大的影响力。根据现行《民事诉讼法》和相关的司法解释，小额诉讼程序的适用范围不可能做到事先严格限定②，必然存在一个形式上完全合法"漏出"的通道。尽管可以给这个"漏出"通道增加一定的管理者审批限制。但如同前文的分析，基层法院管理者也倾向于配合一线法官回避

---

① 汪夜丰：《小额诉讼程序检察监督的难点及对策》，《中国检察官》2016年第7期。

② 《民事诉讼法》第157条规定的"事实清楚、权利义务关系明确、争议不大的简单的民事案件"的内涵，在实践中必然存在不可克服的解释弹性。《最高人民法院关于适用〈中华人民共和国民事诉讼法〉的解释》第275条第5项规定的"其他不宜适用一审终审的纠纷"也提供了空白兜底条款。

小额诉讼程序的适用，可以预见，这种审批环节设置并不会有明显的实质性作用。并且上级法院的管理者不可能完全堵死这个合法"漏出"通道，这必然导致大量适合这一程序的案件规避小额诉讼程序适用。

（二）从当事人的角度来看

如前所述，原告选择小额诉讼的动力非常有限，仅在很窄的范围内有选择小额诉讼程序的动力。如批量起诉的物业费、电信费、信用卡债务等案件。当然，被告通常也不会有适用小额诉讼程序的强烈意愿。案件当事人对小额诉讼制度实施的影响力虽然是相对间接的，是通过影响基层法院及法官的博弈来间接影响的，但处分原则是民事诉讼的基本原则。换言之，虽然表面小额诉讼制度实施阻力直接来自基层法院法官的行为，其阻力背后根本的来源仍然是当事人的利益取向和行为。

（三）从其他机关单位和普通公众的角度来看

在目前我国总体上司法形象还有待改善、司法公信力尚需进一步维护的大背景下，无论是其他机关单位还是普通百姓，对法院、法官至少在很大程度上还带有一定的不信任感。在这种情况下，"一审终审"带来的审判权力不受制约的担忧仍较为明显，这构成了不利于小额诉讼制度实施的社会意识和舆论氛围。

（四）从高层级法院决策者的角度来看

高层法院的决策者尽管处于较高的决策层级，具有一定的资源调度力和具体的制度机制供给能力，但并非小额诉讼制度的直接操作者，因此对小额诉讼制度实施而言，其影响力是比较间接的。因此，即使高层级法院的决策者具有加大小额诉讼制度实施力度的期望和意志，但如果仅仅是采取简单的下命令、发文件、加大考核力度等简单化的行为策略的话，其作用非常有限。

通过以上的"受力分析"，在以上不同主体的相互"博弈"作用之下，形成的均衡结果就是，小额诉讼程序总体上被倾向于回避适用，仅在有限的、符合经济效率原则的范围内（如批量讨债）得到运用。除了影响力较弱的制度倡导者（高层决策者及法院管理者）之外，各方都没有动力运用这一制度，也没有改变自己策略选择的动机。这就是典型的纳什均衡状态。这就充分解释了，为何小额诉讼制度在很大程度上被"虚置"，实施如此之难的原因。

五、小额诉讼制度完善的对策建议

本节通过运用法经济学方法，特别是博弈论的观点和方法，对小额诉讼制度实施问题提出了解释框架。相应地，作者的对策见解也建立在同样的观点和方法基础之上。

（1）完善小额诉讼制度的基本策略原则。从法经济学研究视角来看，制度的实施过程并不是简单的政策制定者对实施者单向度的"命令—服从"过程，而是双向的、多方的"博弈"过程，本节已经充分展示和印证。相应地，作为对策设计，也同样必须充分正视和尊重制度实施的相关主体的利益（实际上这种"利益"未必是私利，而是不同主体在其职责和决策角度考虑所必须坚持的价值取向），坚持因势利导，避免简单粗暴。如果把高层级法院作为小额诉讼制度有效实施的"受益者"看待的话，那么高层级法院的决策者，应当以"博弈论"思维充分考虑各有关主体的对制度规范所引起的利益得失信号的反应，充分调整利益关系和实施主体的心理预期，增强制度实施的动力来源，疏通制度实施的动力传导机制，实现"激励相容"。

（2）制度上设计上应当放弃"一审终审"的强制适用，改为"选择适用"。"一审终审"的强制适用制度设计，看似是符合"成本—收益"原则。但如前分析，小额诉讼程序的"强制适用"存在形式上合法的"漏出"渠道，因此这种名义上的"强制适用"不可能实现真正的"强制"。所谓"加大小额诉讼制度的实施力度、增强制度刚性"从现实角度考虑,是不可行的。因为这一措施的实质就是对规避制度者的"规避行为"加大监督和惩罚力度,然而监督和惩罚的前提是准确识别规避行为。正如前文所指出的那样,小额诉讼程序的适用范围不可能事先限定,实际操作中存在解释的弹性空间,因此准确识别"规避行为"并做出惩罚所耗费的时间精力成本极高,而实施规避行为的成本极低,这种监督和惩罚不仅难以落实,而且也不符合监督成本与监督行为所产生的收益相匹配的经济原则。

另外,从当事人权益维护的角度来看,通过"强制适用"来压制当事人诉讼权利,以实现节约第二审司法成本的逻辑,忽视了一些隐性成本。强制性的"一审终审"反而会刺激当事人做出其他的手段作为反应,例如申请再审、申诉信访、申请检察机关介入监督、舆论监督等,同样会导致隐性司法成本支出。而事实上从司法统计数据来看,即使不适用小额程序,其他适用一般简易程序或普通程序的案件,当事人真正提出上诉的比率,总体上也是有限的①。

综上,与其继续坚持有名无实的"一审终审"强制适用,不如放弃而改为在尊重并征得案件当事人明确的、一致的同意这一基础之上的"一审终审"选择适用。这将明显减缓来自当事人和基层法官面临的压力,也就明显减轻了小额诉讼制度实施的"阻力"。

(3) 在取消"强制适用"基础上,适当提高"小额"的上限范围。前文已经论证,过低的标的额上限和过窄的适用范围将使"一审终审"带来的制度福利变得无足轻重,也就达不到制度预想的目的。从立法上看,小额诉讼标的额上限较低的立法设计,可能与小额诉讼"一审终审"强制性的担忧有关。如果不

---

① 从 S 省法院系统情况看,全部二审案件受案量与一审案件受案量之比,近年来大约保持在 6% ~7%。

再坚持"一审终审"的强制性而改为约定选择适用,那么提高标的额适用上限就非常必要,并且也是可行的。早在 2011 年最高人民法院推行小额速裁改革试点时,一些试点法院就已经将一审终审的标的额上限设置在 5 万~10 万元。参照试点法院实践所积累的经验,在坚持当事人一致同意适用的基础上,小额诉讼标的适用上限可以提高到"各省、自治区、直辖市上年度就业人员平均工资"的两倍(以目前 S 省的统计数据,约为 10 万元左右),相对合理。

(4)充分运用"价格杠杆"解决滥用、误用上诉权等问题。就目前的法律规定和司法实践来看,严重缺乏当事人滥用、误用上诉权的费用补偿机制。如被上诉人参与二审诉讼而产生的交通费用、误工费用、取证费用、律师费用等,即使胜诉,基本上都得不到补偿。这既不符合经济效率原则,也符合公平正义原则。应当通过价格机制的激励作用建立诉讼费用补偿机制,迫使当事人在行使上诉权之前,充分收集决策信息以评估上诉行为的合理性,自行做出合理的上诉决策,放弃轻率的上诉行为。具体规则可以是上诉人提出上诉的,如果上诉请求被全部驳回,则应当向被上诉当事人支付应诉费用,并且在较小额度的范围实行免于举证。如二审诉讼出庭当事人交通和误工费,本市 300 元/人、本省 600 元/人、外省当事人 1000 元/人、二审阶段律师费用 5000 元以下的,为免证事实,无须举证。同理,类似的机制也可以用于调节当事人对诉前调解、小额程序、简易程序、普通程序等程序之间比较和选择的行为,增进当事人选择适用小额诉讼程序(或者效率更高的纠纷解决机制)的动力。

(5)处理好基层法官与当事人的"激励"关系。民事诉讼是以尊重当事人权利处分与意愿为基本原则的,民事诉讼制度的设计,应当尽可能地通过调节当事人的利益预期而实现激励,而不是相反——鼓励基层法院及法官以自己的利益取向来驱动和影响当事人的行为。因此必须妥善处理好两种激励之间的关系,以调整当事人行为激励为主,调整基层法院及法官行为激励为辅(主要是减少摩擦阻力)。尤其是不宜采用诸如"小额诉讼适用率"等指标对基层法院和法官进行考核,这种庸俗粗暴的经济"激励"几乎必然导致严重的行为扭曲而产生显著的逆向选择和道德风险①,将对司法权威和公信造成严重损害。

最后,笔者想强调的是,从法与经济学的基本观点和分析视角来看,要达到提高民事诉讼效率、实现繁简分流的目的,根本的方法还是充分用好配套制度中隐含的"价格"机制,引导当事人根据自身利益进行理性选择,合理选择诉讼程序,并责令其承担滥用诉讼权利、恶意拖延诉讼给他人带来的费用。这不仅符合经济学理论上以产权安排实现"外部影响内部化"的原则,并且也是从根本上达到提高诉讼效率目的的基本途径。换言之,小额诉讼制度原来所承载的功能,至少大部分可以通过其他制度来承担。

第三节 关于法院审判委员会宏观指导职能的法经济学研究②

一、问题的提出

审判委员会制度改革是当前司法改革的重要内容。按照

---

① 关于不合理考核机制对法官行为的扭曲,参见李拥军、傅爱竹:《"规训"的司法与"被缚"的法官——对法官绩效考核制度困境与误区的深层解读》,《法律科学(西北政法大学学报)》2014年第6期。

② 作者执笔的最高人民法院2014年重大审判理论课题《审判委员会制度改革研究》的阶段性成果,课题组成员主要有王海萍、左卫民、罗登亮、唐清利、魏庆锋、李海昕等。原载《理论与改革》2015年第11期。有删改。

第六章 诉讼程序与法经济学研究方法

《人民法院组织法》对审判委员会制度的功能定位[①]，人民法院审判委员会的功能可以区分为个案审理职能（讨论重大的或者疑难的案件）和宏观指导职能（总结审判经验、讨论决定审判工作重大事项）两大类型。而且，"强化审判委员会总结审判经验、讨论决定审判工作重大事项的宏观指导职能"是最高人民法院确定的当前推进法院审判委员会制度改革的基本方向[②]。从理论和实务界的既往研究来看，法院审判委员会的职能定位与作用发挥，甚至法院审判委员会的存废问题，一直是讨论的热点，但这种讨论（批评或者维护）大多集中在法院审判委员会讨论决定个案的问题上[③]。除此之外，围绕法院审判委员会制度的宏观指导职能的定位与发挥，进行认真的实证分析研究和细致的制度建构的文献非常稀少。这一状况显然不利于当下的法院审判委员会制度改革乃至司法改革的推进。正因为如此，本节将法院审判委员会制度的审判宏观指导职能作为一个

---

① 《人民法院组织法》第 10 条第 1 款：各级人民法院设立审判委员会，实行民主集中制。审判委员会的任务是总结审判经验，讨论重大的或者疑难的案件和其他有关审判工作的问题。

② 最高人民法院司法改革领导小组办公室：《〈最高人民法院关于全面深化人民法院改革的意见〉读本》，北京：人民法院出版社，2015 年，第 171 页。

③ 代表性的学术成果有以下一些。贺卫方：《关于审判委员会的几点评论》，《北大法学评论》1998 年第 1 卷第 2 辑；苏力：《基层法院审判委员会制度的考察及思考》，《北大法学评论》1998 年第 1 卷第 2 辑；陈瑞华：《正义的误区》，《北大法学评论》1998 年第 1 卷第 2 辑；赵红星、国灵华：《废除审判委员会制度——"公正与效率"的必然要求》，《河北法学》2004 年第 6 期；张洪涛：《审判委员会法律组织学解读——兼与苏力教授商榷》，《法学评论》2014 年第 5 期；洪浩、操旭辉：《基层法院审判委员会功能的实证分析》，《法学评论》2011 年第 5 期，顾培东：《再论人民法院审判权力运行机制构建》，《中国法学》2014 年第 5 期，等等。

重点研究方向，以C省法院的相关实践为观察样本，开展了实证分析研究，以期对推动法院审判委员会制度改革，提出有价值的见解。

二、C省法院审判委员会宏观指导基本状况的考察分析

C省为西部大省，2014年末辖区常住人口8140.20万。2014年全省法院收案总数797087件，其中C省高级法院2014年收案总量9615件。2010—2014年共5年内，全省各级法院共讨论议题6080件，其中讨论案件5680件，占议题总数的93.42%，占相关法院受理案件数量的1.73%。讨论个案以外的宏观指导事项400件，仅占议题总数的6.58%。其中，C省高级法院审判委员会5年期间共讨论个案2371件，讨论法律适用请示、审判指导文件、工作制度、审判态势分析、与审判有关的重大工作等宏观指导事项108项，占议题总数的4.36%。2013年，该院修订《法院审判委员会工作规则》，改例会制为全委会和专委会制，明确个案研究讨论主要由专委会负责，相关规范性文件、审判态势分析、与审判有关的重大工作事项等审判工作宏观指导事项主要由全委会负责。同时该院的机制改革还要求，尽可能压缩全委会讨论个案的职能。当年，该院将半年（或季度）全省和全院审判态势分析纳入法院审判委员会（全委会）讨论范围，进一步强化了该院审判委员会的宏观指导职能。2014年，该院出台文件，进一步明确，该院起草出台的审判业务文件必须经过该院审判委员会（全委会）讨论程序。当年，该院还建立了审判委员会（全委会）听取与审判有关的重大工作事项报告制度，根据年初确定的与审判有关的工作重点，由相关审判业务部门起草工作报告，按计划时间提交审判委员会审议。

表6-1　C省高级法院审判委员会宏观指导事项类型年度分布（2010—2014）

	2010年	2011年	2012年	2013年	2014年
法律适用指导（请示、文件）	4	4	1	1	6
审判工作制度	3	6	6	3	13
参考性案例（案例指导）	4	20	8	11	7
审判态势分析	0	0	0	3	3
与审判有关的重大事项	0	0	0	1	4
合计	11	30	15	19	33

为此，笔者所在的课题组还收集了C省部分典型法院的审判委员会在宏观指导与个案讨论方面的对比数据（见表6-2）①，并结合调研收集、了解的其他一些情况进行分析研究，发现该省法院审委会制度在宏观指导职能方面呈现如下的一些趋势和特点。

表6-2　C省若干典型法院审判委员会宏观指导与个案讨论数量对比（2009—2014）

宏观指导事项/案讨论案件数	2010年	2011年	2012年	2013年	2014年
C省高院	11/538	30/537	15/391	19/447	33/458

---

① A市中级人民法院为C省省会城市中院，受案数量在全省各中院里最多，法官整体素质在C省位居前列。T市为C省山地、丘陵地级市，经济社会发展相对落后；R市地处C省丘陵地区，为人口大市，经济社会发展水平中等；Z市地处C省平原、丘陵地区，经济条件相对较好。N铁路中院为驻地A市的铁路运输法院。A市甲区法院为C省省会城市经济较发达市区，受案数量较大，同时为司法改革试点单位，法官整体素质较高；T市乙区法院为多山地城市城区；Z市丙区为平原城市城区，Z市丁县为山区、丘陵地区县，受案数较少；R市戊区为丘陵地区城市城区，信访量较大；L铁路运输法院驻地为民族地区，2014年收案数仅100件左右。

续表 6-2

宏观指导事项/案讨论案件数	2010 年	2011 年	2012 年	2013 年	2014 年
A 市中院	25/245	42/285	26/227	25/202	28/202
T 市中院	7/77	3/119	4/73	5/64	12/67
R 市中院	数据暂缺	3/124	3/133	5/132	10/126
Z 市中院	4/121	8/100	8/51	6/40	数据暂缺
N 铁路运输中院	3/13	8/16	4/19	4/8	1/11
A 市甲区法院	1/6	2/6	2/6	2/7	2/5
T 市乙区法院	数据暂缺	数据暂缺	2/15	2/14	4/18
Z 市丙区法院	1/20	1/37	1/31	1/26	数据暂缺
Z 市丁县法院	1/2	1/7	3/17	3/20	数据暂缺
R 市戊区法院	1/116	0/108	1/141	1/100	0/112
L 铁路运输法院	3/6	4/5	1/3	1/0	2/3

第一，审判委员会宏观指导事项讨论数量明显低于个案讨论数量。如果将审判委员会宏观指导讨论事项数量与个案讨论数量进行直接比较，普遍而言，各级法院审判委员会宏观指导事项数量大大低于个案讨论数量（见表6-2）。如 C 省高院 5 年来宏观指导事项数量与个案讨论数量比为108∶2371，A 市中院为161∶1148，T 中院为31∶400，R 市戊区法院为3∶577。也有个别法院该比值较大，如 A 市甲区法院，为3∶10，L 铁路运输法院为11∶17。

从《人民法院组织法》第 10 条对法院审判委员会的定位表述来看，"总结审判经验"被放在首位，并且从调研了解的各地法院制定的审判委员会规则来看，往往也是把"总结审判经验"的提法都放在了突出位置。由此可以在相当程度上说明，从具体审判活动中提炼出带有普遍性的原则、做法等，对不特定案件审判进行宏观指导，是立法者最初设置审判委员会的主要目的，而

第六章 诉讼程序与法经济学研究方法

并不是大量讨论具体案件。审理"重大的或者疑难的案件",对这些案件的审理进行把关,显然也不应当是为了审判而审判,而是通过讨论这些"重大的或者疑难的案件",对以后起到指导和示范的作用。但从实际操作的情况来看,大多数法院审判委员会承担了大量的个案讨论决定职能,宏观指导职能在绝对工作量、工作时间的比重上,都处于很低的位置。法律和相关司法文件,以及各法院审判委员会规则中提到的"总结审判经验"并没有很好地转化为具体的审判宏观指导活动。

第二,从宏观指导议题的绝对数量上看,法院层级越低,数量递减的现象越明显。从绝对数量上来看,C省高级法院和A市中院审判委员会讨论宏观指导议题数量较多,平均每年达到20件以上。其他中级法院审判委员会讨论宏观指导议题数量明显较少,不超过10件。而基层法院审判委员会讨论宏观指导议题的数量则比中级人民法院更少,相当数量的基层法院审判委员会几乎没有发挥宏观指导职能。即使是像A市甲区法院这样人口稠密、经济相对发达,案件数量较多的法院,法院审判委员会进行宏观指导的事项也相当少。

从调研座谈了解来看,基层法院法官往往承担着比较重的办案压力,即使是综合业务部门的法官及工作人员,也往往身兼数职①,进行审判调研和经验总结力不从心。基层法院法官(包括一线承办法官和院庭长等领导)对基层法院审判委员会总结审判经验保有一定的顾虑。特别是有的基层法院曾经在总结审判经验之后出台了指导法院内部掌握裁判尺度的"意见"或"会议纪要"等形式的文件,出台后引起了社会的一些质疑。由此使基层法院不敢再轻易讨论、制定类似材料。

---

① C省基层法院内设研究室等审判调研部门的仅占1/4左右,且工作人员仅1~2人的占绝大多数。

第三，讨论审判工作制度规范在各级法院审判委员会宏观指导职能中占有重要地位，而关于法律适用问题的议题较少且偏于谨慎。在 C 省高院和 A 市中院审判委员会的宏观指导事项中，比例最大的是"参考性案例"或"示范性案例"（参见表 6-1、图 6-1、图 6-2）。但是，考虑到备选参考性案例（示范性案例），无论从起草还是讨论所耗费的时间精力，都明显小于同等数量的审判工作制度、审判态势分析报告（据实践中的观察，大约为规范性文件的1/3～1/2）等事项。并且除 C 省高院和 A 市中院外，其他中院和基层法院审判委员会极少讨论具有审判指导性意义的典型案例，而或多或少地讨论、研究过审判工作的制度性文件。因此综合来看，C 省各级法院审判委员会讨论的宏观指导事项中，各类审判工作制度占据着很大的权重，成为各地法院审判委员会履行宏观指导职能最主要的形式和渠道。

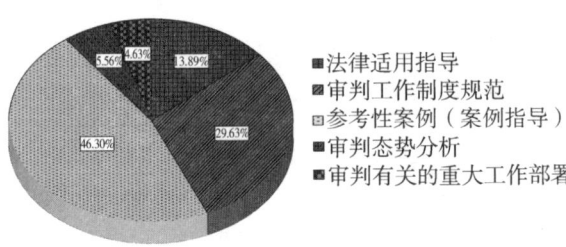

图 6-1　C 省高级法院审判委员会宏观指导事项类型分布（2010—2014）

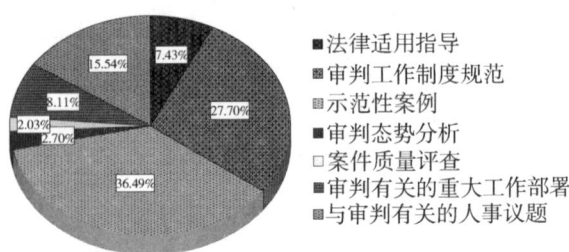

图 6-2　A 市中院宏观指导事项类型分布

这一现象，与近年来地方各级法院强力推进司法规范化建设有很大关系。在现有诉讼法律框架下，各地法院结合实际对相关具体工作流程、制度机制进行了精细化规范，导致各类审判工作制度文件出台数量较多。在工作制度规范以外，地方各级法院对审判实质结果有较大影响的法律适用议题的讨论，则相对更加稀少，并且从中基层法院实地了解来看，关于法律适用的总结讨论多表现为向上进行法律适用请示的形式，即最终做出向上级法院进行请示的决议。中基层法院审判委员会讨论的用于指导本院或者辖区下级法院关于规范法律适用、裁判尺度的文件极少。

第四，从是否公开的角度来看，法院审判委员会宏观指导讨论事项的结果，对外公开的比例总体仍然不高。从掌握的几个法院审判委员会议题对外公开的情况来看，对外公开的比例明显低于宏观指导讨论议题的通过率，说明有大量已通过的议题结果并没有对外公布。以C省高院审判委员会为例，5年期间，该院审判委员会74.10%的讨论事项获得通过，11.10%的讨论事项需进一步补充完善后才能决定，有14.80%的讨论事项未获通过。而从对外公开的比例看，有60件讨论事项已对外公开，占55.60%，其余未向社会公开。从公开的60件讨论事项来看，34件已通过的参考性案例（另有16件未通过或再议的备选参考性案例结果不予公开）全部对外公开，占56.70%。另外有8件法律适用指导（请示、文件）和18件审判工作制度文件予以公开。审判态势分析和与审判有关的重大工作部署未予公开。又以A市中院审判委员会为例，从通过情况来看，5年期间，有134件讨论事项获得通过，占90.54%，而从公开比例来看，有49件讨论事项对外公开，占33.11%，其余未向社会公开。从公开的48件讨论事项来看，45件为通过的示范性案例。在已通过的38件审判工作制度中，公开的仅3项。指导规范法律适用有关的文件、请示等讨论事项均未公开。

总体上看，各法院讨论通过的参考性案例（示范性案例）都向社会公开。除此之外的审判工作制度规范，也只有部分对外公开。关于法律适用指导的讨论结果，仅有极少部分公开。其他议题，如与审判有关的工作部署、审判态势分析，普遍被理解为法院内部工作事务，一般也没有对外公开。由于法院审判委员会讨论采取会议制，在审理个案时议事过程不像合议庭开庭程序一样原则上公开进行，因此极易遭到社会和学界关于暗箱操作、违反审判公开原则的质疑。与此相似，法院审判委员会在履行宏观指导职能时，一些议题在认识上被普遍认为是法院内部事务（如审判态势分析等），法院管理者也担心审判委员会的决定会引起社会不恰当的解读和矛盾争议，加之并没有相关法律和司法文件对此做出明确的规定，因此除了本身应当对外公布的参考性案例等外，各地法院习惯性地对审判委员会讨论的结果采取不予公开的做法。

第五，部分法院审判委员会的宏观指导职能正呈现增强的态势。笔者通过分析发现，部分法院审判委员会的宏观指导职能呈现稳步增强的态势。其表现为近三年来，一些法院宏观指导议题讨论的数量有所上升。如 C 省高院，由于自 2013 年起对审判委员会工作制度进行了改革，区分了专委会和全委会，把个案讨论审理职能和审判指导职能进行了相对分离，同时努力压缩个案讨论范围，为该院审判委员会增强宏观指导职能创造了条件。近三年来该院讨论的宏观指导议题数量分别为 15 件、19 件、33 件。并且，该院 2014 年将司法规范化建设列为工作重点，围绕审判工作相关的 7 个方面起草制定了一批制度性文件，因此该院审判委员会在 2014 年度讨论的审判工作制度性文件达 13 件。T 市、R 市、Z 市中院也呈现类似的趋势，特别是讨论个案的数量稳中有降，宏观指导议题数量较过去几年有了明显增加。另外，2011—2012 年，该省四级联网的信息化系统（覆盖高级法院和全部中基层法院，以及人民法庭的信息网络办案、办公系统）全面建成，该省各级法院案件均实现所有案件网上同步运行。这使得与审判有关的数据、指标等信息能够在较短时间内进行加工分析汇总，这为开展实时审判态势分析提供了基本条件。

三、法院审判委员会宏观指导职能弱化的原因

从上文以 C 省法院的情况为样本所进行的基本分析中可以看出，总体而言，地方法院审判委员会的宏观指导职能的发挥不够理想。地方各级法院审判委员会的时间、精力重心大多集中在个案的研究、讨论上，对审判经验的总结功能发挥较弱。法院的审判委员会对审判活动带有普遍意义的指导作用没有充分体现出来，立法上对审判委员会制度设计的初衷，没有很好地实现。从理论上分析，总结提炼审判经验，对审判活动进行抽象的、普遍性地指导，是提升审判工作的重要途径，而且在实践中，中基层法院法官往往希望加强"审判指导"，这种需求十分迫切。经过分析研究，我们认为出现这种情况的原因，可以从以下几个方面得以解释。

第一，制度性和学理性资源的缺失，导致审判宏观指导的抽象性要求难以落实为具体的运行机制。人民法院审判委员会制度是人民法院内部权力运行机制的一个重要环节。审判委员会职能的正确、全面发挥，依赖于比较健全的审判权力运行机制。顾培东教授在《人民法院内部审判运行机制的构建》一文中提出，我国人民法院内部审判权力运行机制缺失的问题长期以来未能得到很好的解决，并给出了大致的三个方面的原因，其中一个重要原因即为缺少必要的制度性资源和学理性资源①。具体就审判委

---

① 顾培东：《人民法院内部审判运行机制的构建》，《法学研究》2011年第 4 期。

员会宏观指导职能这个方面而言，《人民法院组织法》规定审判委员会承担"总结审判经验"和"讨论其他有关审判工作的问题"这一职能。但该规定比较抽象，检索其他法律规范，很难找到与这一抽象要求相配套的具体制度或操作性规程。审判委员会如何总结审判经验，以何种形式开展这项工作，应当形成怎样的结果，现行的《人民法院组织法》《法官法》以及相关诉讼程序法以及最高人民法院的司法文件，都极少给出明确、可操作的依据。例如作为上一轮司法改革中法院审判委员会改革的主要成果，《最高人民法院关于改革和完善人民法院审判委员会制度的实施意见》（法发〔2010〕3号）中，关于地方各级法院总结审判经验，发挥审判委员会宏观指导职能方面的职责，规定仍比较笼统。从最高人民法院近年来的司法文件来看，提及"总结审判经验"时，往往将之与监督、管理、指导审判执行工作，加强司法解释和案例指导工作，统一法律适用，制定司法解释和司法政策，提高自由裁量权行使的质量[①]等表述予以并列。以上的表述除了"制定司法解释和司法政策"属于最高人民法院的职权且较为具体外，其他表述仍较为粗疏。就学理方面而言，如前文所述，法学理论界、实务界对《人民法院组织法》规定的审判委员会所承担的"总结审判经验"、进行宏观指导的问题几乎少有关注，既没有提出更多的反对意见，也极少有兴趣关注如何建构具体的运行机制或操作方法。由于制度和学理学说资源的双重缺失，造成法院审判委员会宏观指导的范围、流程、形式以及讨论

---

① 分别来自最高人民法院的以下文件：《关于新时期进一步加强人民法院审判管理工作的若干意见》（法发〔2014〕8号）；《2014年人民法院工作要点》（法发〔2014〕2号）；《关于切实践行司法为民大力加强公正司法不断提高司法公信力的若干意见》（法发〔2013〕9号）；《关于在审判执行工作中切实规范自由裁量权行使保障法律统一适用的指导意见》（法发〔2012〕7号）。

结果是否公开等的随意性、偶然性较大,更多地依赖个别法院的自身摸索和个别领导的偏好,总体上没有充分发挥出应有的作用。

第二,内部权力配置不合理导致最高审判组织的权力未完全归位。审判委员会是理论和立法设计上的法院内部"最高审判组织"。但是,在缺少明确细化制度性资源,特别是缺少保障法院审判委员会"最高"权威性的具体机制的情况下(此处的"最高"既不是审级,也不是行政级别,更不是法官级别,如何对这个"最高"予以保障,目前尚不明确①),法院审判委员会应有的地位在实践中可能落空,从而不可避免地导致一些应当属于审判委员会以集体、民主方式行使的权力旁落于法院内部的其他主体。就宏观指导职能而言,本应当由法院审判委员会承担的宏观指导职能可能被其他主体所替代。以 C 省高级法院为例,该院2013 年前制定的与审判工作有关的制度、审判业务规范性文件等通常系业务部门起草讨论、征求中基层法院意见后,由主管院长直接审核签发。尽管该院《关于制定审判业务规范性文件的规定》也明确指出,"涉及全省重大问题的规范性文件,主管院长可以提交审判委员会讨论",但是实际操作中,相关文件是否提交审判委员会讨论,具有很大的随意性和不确定性,实际结果是只有极少数文件(稿)提交审判委员会讨论。直到该院 2014 年修改了有关制度,这种状况才有根本性转变。类似的还有各级法院出台的如"会议纪要"等内部指导统一裁判尺度的文件等,往往经过调研起草,召开座谈会、研讨会等讨论定稿后,按一般行政化公文程序进行层级签发就出台了。

---

① 鲁为、张璇、廖钰:《论"审判权统一行使"在基层法院的实现路径——以基层法院审判委员会的微观运行为视角》,《法律适用》2014 年第 1 期。

第三，对地方法院权力的层级配置限制。从实践中的经验观察，以及前述最高法院司法文件的表述来看，"总结审判经验"与审判调研、规范自由裁量权、统一裁判尺度有着十分密切的联系。审判经验总结之后，往往伴随着对审判活动提出带有普遍性、方向性的工作要求和指引，并以特定的载体予以固定。总结审判经验之后，除了提出具体的审判工作策略方法、需要贯彻坚持的司法原则、理念之外，对法律适用、裁判尺度进行规范，回答法律理解适用中的疑难问题，是无可避免的。但是，这种带有填补法律漏洞、细化法律规则性质的活动，就难免触及司法权力与立法权力的交叉敏感地带。由于中国幅员辽阔，各地经济社会发展情况相差很大，以及法院人员素质能力参差不齐，各自的认识难免出现偏差，各级地方法院在总结审判经验特别是围绕相关法律适用问题进行讨论后，形成的"指导意见""会议纪要""答复"等，虽然有利于在一个法院或一个辖区的法院内达成共识和实现统一，但从全国的视角来看，在客观上又容易造成各地尺度不同、各行其是的弊端，甚至被诟病为"司法地方化""危害法治统一"（尽管这种指责是不中肯的）。并且这些关于法律适用的指导性文件，由于直接关系到不特定公众的权利义务，一旦被外界知晓，极易招致社会的批评和攻击。出于多种方面因素的考虑，最高司法机关专门下发文件①，严禁地方各级法院制定出台对法律普遍适用意义的司法解释性质的文件，仅允许各高级法院制定"审判业务文件"（并且必须经过审判委员会讨论）②。各地方法院仅可以将审判活动中遇到的问题逐级上报最高司法机

---

① 最高人民法院、最高人民检察院：《关于地方人民法院、人民检察院不得制定司法解释性质文件的通知》（法发〔2012〕2号）。

② 最高人民法院：《关于规范上下级人民法院审判业务关系的若干意见》，法发〔2010〕61号。

关,提出制定司法解释的建议或者提出法律应用问题的请示①。如 C 省法院出台的《关于制定审判业务文件的规定》也有类似限制中基层法院制定审判业务文件的规定。这样的权力限制大大降低了中基层法院进行法律适用宏观指导的效率,甚至可能出现劳而无功的现象。加之中基层法院层级问题导致自身的权威性更容易受到社会质疑,可能会带来较大的风险,从而更加抑制了地方法院(特别基层法院几乎没有这方面的动力,更多的是在非正式场合向上级法院反映情况)在法律适用方面总结审判经验的积极性。综合以上原因,进入地方法院审判委员会的法律适用议题偏少也就不足为奇了。同样这也可以解释为何各级法院审判委员会的宏观指导议题(特别是法律适用议题)公开比例很低的原因。

第四,法院内部审判资源分配与工作负荷的配比问题。从相当一部分法院的情况来看,由于进入审判委员会讨论的个案数量较多②,个案讨论占用了审判委员会的绝大部分时间,因此讨论宏观指导事项的数量及耗时比例较低。加之各级法院审判委员会成员大多具有领导职务,往往负有法院管理以及协调党政及其他

---

① 最高人民法院、最高人民检察院:《关于地方人民法院、人民检察院不得制定司法解释性质文件的通知》(法发〔2012〕2号)。

② 关于进入审判委员会讨论个案数量较多的原因,主要有:法律和司法解释规定的死刑等重大案件,即使事实和证据较为清楚,仍需审判委员会讨论决定的案件;法律适用疑难,承办法官素质难以胜任,需要审判委员会把关的案件;合议庭内部或者合议庭与院庭长认识分歧较大,需要审判委员会作出结论解决分歧的案件;党政机关、代表委员关注或者检察机关抗诉、提出检察建议的案件,需要审判委员会研究,增强裁判结论权威性的案件;案件涉及利益面大、比较敏感或者有涉稳风险,需要审判委员会把关,稀释承办法官责任的案件,等等。

部门的职责①，因此个案讨论和法院管理等其他工作，对审判委员会审判宏观指导事务的挤占是客观存在的。适当压缩审判委员会讨论案件的数量，确实可以在一定程度使审判委员会有更多精力来进行抽象审判指导。当然，审判委员会讨论宏观指导事项偏少的原因并非全部是个案讨论过多的原因。相反，一个法院内部如果案件数量过少，审判委员会讨论案件的时间也就极少，可总结提炼的审判经验来源也就相对较少，进行宏观指导的必要性就可能打折扣（如L铁路运输法院的情况）。

除了法院审判委员会本身的因素外，我们还应当注意法院总体人力资源（法官及辅助人员数量、素质）和工作压力等因素。这是因为，"总结审判经验"是以审判调研、审判管理、文案写作等具体事务为基础的，在这个过程中，审判委员会主持人或委员可能参与、指导、修改文案，但往往不会亲自承办，而那些具有相当审判经验及拥有相应研究、写作能力的法官或辅助人员，则可能会具体办理这些事项。由此，一线办案任务与调研写作之间的矛盾能否协调好，案件信访压力是否较大，法院团队内进行总结研究的文化氛围是否浓厚、团队成员素质的高低，以及进行研究分析的物质、信息、机制方面的基础支持是否齐备，都可能间接影响审判委员会宏观指导功能的发挥。往往是力量较强、素质较高的法院，更容易产出宏观指导的成果。从C省各中院的横向比较就可以大体印证这一点。

四、审判委员会宏观指导职能的重置

从前面以C省法院为典型例子的实证分析，可以看出，目前

---

① 此即被普遍批评的审判委员会组成"行政化"问题。课题组认为，审判委员会组成中，法院领导比例较重确为普遍现象，但其中的成因较为复杂，但不宜简单地贴上"行政化"的负面标签。限于本节的主题，暂不做详细分析。

第六章　诉讼程序与法经济学研究方法

地方各级法院审判委员会主要承担了个案研究讨论职能，而对审判方面的普遍性宏观指导作用发挥不足，其中的原因是多方面的。尽管如此，调研也发现，通过法院自身制度机制的建构完善，适度压缩审判委员会讨论个案的职能，强化审判委员会宏观指导功能，能够取得较为正面的成效。结合以上的调查和分析研究，我们认为，重置法院审判委员会应有的宏观指导职能定位，强化审判委员会宏观指导作用，应当从以下几个方向来进行推动。

第一，分层级对各级法院审判委员会宏观指导职能和指导形式予以明确。进一步明确我国四级法院分工定位，也是最高人民法院推进司法改革的主要思路之一①。从目前一些文献提出的法院审判委员会改革对策方案来看，这些成果没有根据四级法院的层级特点来具体探讨审判委员会职能②，这是存在问题的。审判委员会宏观指导职能及指导形式与各法院的层级定位是密不可分的，法院层级越高，对下级法院的审判活动进行宏观指导的必要性和指导空间就越大。相对应的是，作为法院内部最高审判组织，不同层级的法院，其审判委员会的宏观指导职能也应有所不同。因此在完善法院审判委员会宏观指导职能的过程中，应当首先分层级明确各法院审判委员会的宏观指导职责和形式。

具体来说，最高人民法院审判委员会而言，其进行宏观指导的主要职能是研究讨论司法解释、指导性案例（或者其他对全国法院具有指导意义的案例）；就高级人民法院审判委员会而言，

---

① 见《最高人民法院对 2014 年 7 月济南会议发布的〈人民法院第四个五年改革纲要（2014—2018）的解读》，《法律适用》2014 年第 8 期，封底。
② 付少军：《审判委员会制度研究》，中央党校博士学位论文，2012 年；廖溢爱：《审判委员会制度研究》，西南政法大学硕士学位论文，2008 年；等等。

其进行宏观指导的职责主要是研究讨论审判业务文件（包括审判工作制度规范）、法律适用答复、参考性案例（或者其他对全省法院具有参考借鉴意义的案例）；就中级人民法院、基层法院审判委员会而言，因为这些法院本身的主要定位为审理一、二审案件，化解矛盾纠纷，不具有审判业务文件的制定权，不宜就法律应用问题出台规范性文件，建议其审判委员会的主要定位为讨论对本院或辖区法院具有借鉴意义的案例（同时向上级法院推荐为指导性、参考性案例）、就法律适用问题对基层法院做出答复或向上级法院提出请示、向上级法院提出制定司法解释或审判业务文件的建议（稿）等。除此之外，结合实践中各级法院总结审判经验、讨论与审判有关的工作的具体方式渠道，我们认为，各级法院审判委员会均应当承担的审判指导职责还包括：制定出台约束本院或辖区法院与审判有关的工作制度及规范；讨论审判态势分析报告；讨论重大错案或瑕疵案件，做出总结、分析并形成报告；讨论本院或辖区法院重大审判工作部署；听取审判业务部门的工作汇报等。地方各级法院审判委员会在个案审判中就法律适用问题提出裁判意见的，可以通过改编为案例的形式对辖区法院或本院法官进行指导，重点就案件法律应用的司法观点予以公开发布。这些具体的审判指导方式，建议最高法院以司法文件的形式予以肯定。

第二，规范法院审判委员会宏观指导决议的形成与执行机制。审判委员会讨论宏观指导事项，形成的是对审判工作具有普遍指导意义的决议，它与讨论审理个案所形成的决议，在形式上应有所不同。因此，我们建议各法院审判委员会可以根据具体讨论的事项，适当规范会议决议形式。我们认为，由于宏观指导事项的具体内容情况比较复杂，其决议形式不宜一概而论。对审判工作制度、系统总结后的抽象的法律适用问题、与审判有关的重大工作部署等事项，可以采取规范性文件（包括条文式、纪要式、问答式等）的方式；对典型案例（包括具有指导示范意义的正面案例和总结反思教训的反面案例）的讨论，可以采取"案例+观点"的方式；对审判态势分析等不宜采取以上方式处理的，可以采取情况通报、刊物发表的方式，集中阐述审判委员会讨论形成的司法观点。

从司法公开的角度，各级法院审判委员会宏观指导事项的讨论结果，除涉及国家秘密（包括审判秘密）、商业秘密、个人隐私等不宜公开的外，应当通过专门的通报、刊物、网络等形式对法院内外进行公布（建议由法院专门的调研部门或审判委员会办事机构负责），使外界能够得知法院审判委员会对特定问题的司法观点。在具体公布时，也应当注意把握保守审判秘密、保障审判独立与扩大司法公开之间的关系。考虑到法院审判委员会对宏观指导问题的讨论与案件具体审理的合议在评议过程中具有相似性，为保障审判委员会委员履职的独立性，故我们建议在公布审判委员会讨论结果时，应当做适当的技术性处理，着重表述审判委员会讨论决议对审判有关事项的观点和认识，避免审判委员会委员个人因发言而受到责难。

法院审判委员会对审判工作提出的宏观指导事项中的司法观点，虽然不像法律规定审判委员会审理决定个案一样，本院合议庭必须执行，但原则上仍应当慎重对待审判委员会的结论。建议在法院内部应当建立相应的执行反馈机制，了解执行效果。建议可由专职调研部门、审判管理部门或审判委员会办事机构人员负责收集本院审理的有关情况，检查和落实审判委员会决议内容。此外，由于审判委员会宏观指导事项原则上应当公开，因此应当允许当事人就案件处理中可能与审判委员会决议冲突的情况提出异议，发挥当事人的监督作用。

第三，加强维护审判委员会宏观指导的权威性。在实践中，一些法院制定的带有宏观指导意义的文件或案例，存在没有经过审判委员会讨论就发布的情况。另外,一些经过最高法院、高级法院审判委员会讨论决定的司法解释、审判业务文件,相应的地方法院甚至最高法院业务庭在审理、办理当中,也没有严格遵循适用。这些情况大大降低了审判委员会宏观指导职能的权威性。因此,应当进一步加强和维护审判委员会作为最高审判组织和法律适用方面的权威。建议通过最高法院司法文件,进一步重申和明确,司法解释和其他带有审判指导意义的司法文件①,应当通过审判委员会讨论决定;最高人民法院就法律适用问题做出的答复、批复等,应当经过审判委员会讨论,否则不得作为各级法院办理的依据,并不得在裁判文书中加以援引。不严格或不正确适用最高法院审判委员会讨论通过的司法解释的案件,应当作为改判或者启动再审的理由。高级法院制定的审判业务文件和参考性案例,必须经过审判委员会讨论决定,否则不得通过和公布。辖区下级法院在审理适用法律时,与审判业务文件或参考性案例相冲突的,一般应当作为改判或再审的理由。

除从外部增强法院审判委员会权威性之外,加强审判委员会自身的建设,也是保障审判委员会权威性的必要条件。从实践观察来看,审判委员会权威性的来源具有双重性,即部分来源于组成人员审判业务能力的专业权威,同时也部分来源于组成人员身份职级的行政权威。前者有利于保障审判委员会讨论决定的专业水准;后者虽然被学界批评为审判委员会的行政化倾向,但客观上有利于保障审判委员会讨论决定对法院内外的说服力,尤其是在当前我国整个社会行政化思维传统仍然比较浓厚的情况下,保持法院的法律结论对党政机关部门、社会特别是信访人的说服力。随着全面依法治国和司法体制改革的深入推进,法院审判委

---

① 前者主要指最高法院"法释"字号的司法文件,或者主要指最高法院带有法律适用要求和司法政策要求的"法""法发"等字号的文件。

第六章 诉讼程序与法经济学研究方法

员会组成人员的"去行政化"已成为必然,审判委员会宏观指导结论的权威性应当主要来源于组成人员在业务能力方面的权威性。具体而言,各级法院审判委员会委员必须是进入法官员额并承担办案任务的法官,并具有相当的审判经验和调研、写作能力及其成果(这是与审判经验总结是密不可分的),具体由法官遴选委员会进行遴选。仅具有法院内部领导职务,未进入法官员额,未承担一线审判任务的人员不得任命为审判委员会委员。

第四,过滤、压缩法院审判委员会个案讨论数量。建立审判委员会讨论事项的先行过滤机制,规范审判委员会讨论案件的范围,是最高人民法院确定的当前推进审判委员会制度改革的重要内容之一①。这是压缩审判委员会个案讨论数量,为审判委员会强化宏观指导职能腾出更多时间、空间的必要条件。从前文的数据分析来看,不少法院的审判委员会承担了大量个案讨论任务,这确实对审判委员会宏观指导职能构成了挤压。反过来,一些法院通过内部机制改革,适当压缩个案讨论数量,使审判委员会的宏观指导职能有所强化。从实地调研的情况来看,目前进入法院审判委员会讨论的个案中,有相当数量的案件或因为被纳入督办案件的范围,或因为党政机关或代表委员的关注,或因为有信访风险,或涉及抗诉、再审检察建议等因素,从实质上看,这类案件并不属于法律适用特别疑难复杂的案例,通过有关机制的完善即可以解决。因此,从完善司法文件和法院工作机制的角度而言,建立完善的过滤机制,压缩个案讨论数量,是完全可行的。

第五,强化法院内部审判指导力量和工作机制。法院审判委员会作为法院内部最高审判组织,它的工作方式主要是会议议

---

① 最高人民法院司法改革领导小组办公室:《〈最高人民法院关于全面深化人民法院改革的意见〉读本》,北京:人民法院出版社,2015年,第171页。

事。而审判宏观指导活动不可能仅仅依靠会议议事就能够完成，必须以相应的调研、分析、写作、讨论、审核等基础工作为基本支撑。因此专门的调研、分析、指导机构及其相应的工作机制是必不可少的。在当前法官、检察官员额制改革的背景下，强调力量向一线倾斜，明确要求入额法官必须进入一线办案，无疑是正确的。但这并不意味着取消法院和法官的审判调研职责。相反，为了避免审判与调研相互脱节，搞"两张皮"，就必须使法院的一线审判人员具备较强的总结、研究能力，或者说使法院的调研人员具备一线办案的经验与能力。各地法院（特别是中级以上法院）有必要根据案件审理总结的需要，继续充实专门的机构，把具有较强审判经验和综合素质的法官充实到专门审判调研指导机构或者审判委员会日常办事机构中（当然同时应配备相应的辅助人员）。同时，应将其纳入法官员额承担司法审判任务，使其既保持较高的审判能力，又能具备办理宏观指导工作的综合素质。除此之外，作为审判调研基础保障的信息化审判管理系统及其配套的问题发现、司法统计与分析研判机制，也是开展审判宏观指导必不可少的基本条件，应当继续加强和完善。目前，在司法改革推进的过程中，出现的轻视甚至废除法院内部审判综合部门、审判调研、审判管理工作的不理性倾向，值得高度关注，并应当及时加以纠偏，防止其对包括审判委员会制度改革在内的司法改革造成负面影响。

第七章 司法与社会关系的法经济学研究

第一节 死刑存废问题的经济分析①

在法学与司法领域,有着众多的理论与实践议题,其中有许多问题带有很强的专业性,只有其中一部分是人民群众和社会舆论高度关注的议题。在这些问题当中,死刑政策问题无疑是社会最为关注的议题之一。因此,关于死刑政策,特别是死刑存废问题,从来都不是一个纯理论问题,而是与经济社会密切相关的实践议题。按照本书第一章关于马克思主义法经济学理论的基本观点,在进行死刑政策的实质性研究中,除了要检索相关的理论研究之外,还必须分析探讨其所依赖的具体经济社会基础。

一、传统法学理论关于死刑存废争议综述

死刑是历史上最悠久、最残酷的刑罚方法。自古东西方文化中都有关于死刑存废问题的思考。周公旦曾提出:"毋庸杀之,姑惟教之。"唐玄宗甚至曾奉行全面废除死刑的政策。在西方,1764年贝卡里亚的刑法经典《论犯罪与刑罚》中,明确地提出废除死刑的论点,由此展开了一场持续几百年的死刑存废大讨论。由于近代文艺复兴、宗教改革和启蒙运动的发展,生命权神

---

① 本节为吴钦梅所撰。

圣和废除死刑的观念在多数西方国家逐渐深入民心。资料显示，截至2001年底，完全废除死刑的国家有75个，废除普通犯罪死刑的国家有14个，在法律上仍然保留死刑但在过去十年内没有执行过死刑的国家有34个，保留死刑并继续执行死刑的国家和地区只剩下76个[①]。西方的人权观念虽然在清末传入我国，并产生了一定影响，但始终不及中华民族长达几千年的固有传统。近年来我国刑法学界也展开了关于死刑存废问题的大讨论，2005年温家宝总理明确提出中国目前不可能废除死刑，为中国死刑存废的讨论降温。目前，有观点坚持认为，应当坚持刑法的科学、理性与人道，坚决主张废除死刑；也有观点认为，死刑是对犯罪分子有力的震慑武器，不能废除；也有观点认为，废除死刑是大趋势，但不能"一蹴而就"，要讲究循序渐进，应采取限制死刑的死刑政策。

持续了几百年的死刑存废之争，死刑废除论者和死刑存置论者针锋相对，提出了各种支持各自观点的众多理由。

第一，从死刑的威慑功能来看。死刑存置论者认为死刑具有最大的威慑力，一方面只有死刑才能彻底地剥夺犯罪分子的再犯能力。另一方面死刑能够对一般人产生更强烈的心理强制作用，达到一般预防的效果。人们在犯罪前都会认真考虑犯罪的后果，在权衡了犯罪的利弊大小之后做出选择，如果有死刑的存在，人们就会觉得生命最宝贵，犯罪所付出的代价太大，从而选择放弃犯罪。

而死刑废除论者却否认死刑具有最大的威慑力。一方面，无期徒刑也能达到死刑的特殊预防的效果。死刑最大的弊端就是放弃了对犯罪分子的改造，不符合刑罚教育改造的目的。另一方面

---

① 崔敏：《西方国家死刑制度的演变》，《中国人民公安大学学报（社会科学版）》2006年第4期。

死刑也无法达到预防犯罪的效果。贝卡里亚就认为能够对人类心灵造成较大影响的不是刑罚的强烈性，而是刑罚的延续性。"因为，最容易和最持久的触动我们感觉的，与其说是一种强烈而暂时的运动，不如说是一些细小而反复的印象。"① 死刑留给人的印象虽强烈却短暂，如果想要给人留下深刻印象，就必须经常适用死刑，要经常适用死刑就需要死刑犯罪经常发生。这是和通过死刑来减少犯罪的目标相矛盾的。因此死刑的适用必然会陷入一种悖论之中。同时，死刑废除论者认为，死刑没有我们预想的心理强制作用，对于那些激情犯罪人，他们在犯罪前没有机会做犯罪的利弊分析。而对于那些因宗教、政治原因犯罪的人，死刑也没有威慑作用，因为他们会认为自己的宗教或者政治理念比生命更珍贵。

第二，从正义的角度来看。死刑存置论者坚持刑罚报应主义，认为死刑是还被害人及社会一个公道，是犯罪人应得的惩罚，死刑的执行正是正义的恢复和体现。费尔巴哈就认为，"刑罚权力是完整的权利的保全"。国家为了保全市民的财产，拥有处罚财产刑的权力；国家为了保全市民的自由，拥有处罚自由刑的权力；那么国家为了保全市民的生命，必然就拥有处罚死刑的权力。② 而死刑废除论者坚持刑罚人道主义，论者则认为死刑的"以暴制暴""以恶治恶"本身具有非正义性。国家在反对它的人民杀人的同时，自己却在以法律的名义公开杀人，这无法使人信服。

第三，从死刑的不可挽回特性来看。死刑废除论者认为，死刑具有不可撤销性，如果误判，其后果将无法挽回；死刑存置论

---

① 〔意〕贝卡里亚：《论犯罪与刑罚》，黄风译，北京：中国法制出版社，2005年，第58页。

② 郭子贤：《论刑事古典学派内部死刑观的异同及其借鉴意义》，《吉首大学学报（社会科学版）》2005年第4期。

者认为,司法活动是人的活动,误判是无法避免的,不可撤销性并非死刑所独有。任何刑罚一旦执行就无法挽回,只能补偿。例如,误判五年有期徒刑,在执行完毕后才被发现,已经付出的五年的自由利益与国家赔偿金根本不同质。死刑废除理论其实动摇的是整个刑罚存在的合理性,却为什么单单质疑死刑这一种刑罚的合理性呢?所以,有学者认为,对于死刑存废的争论,其意义远远超出了死刑制度本身的范围。因为论战的结果是除了把死刑这一刑罚制度逐出了刑罚体系的中心地位以外,还直接影响了各国的刑事立法和刑事政策,进而推动了世界范围内的刑罚改革运动。①

第四,从经济效率来看。死刑存置论者认为死刑比无期徒刑节约经济成本,是一种一劳永逸的刑罚方法,执行无期徒刑需要国家投入大量的财政去支持监狱机关,等于是要养犯罪人一辈子。而死刑废除论者也通过经济效率的方法分析,认为死刑是一种高成本的刑罚方法,因为杀死犯罪人也就是剥夺了犯罪人通过自己的劳动补偿被害人和社会的机会,死刑消灭的是社会生产力。

第五,从人权理论来看。死刑废除论者持生命绝对神圣的观点,认为任何人的生命都不能够被包括国家在内的任何主体以任何理由剥夺和转让,死刑违背了社会契约论。贝卡里亚就认为,国家来自每个人小部分权利的让渡,而大家都希望自己让渡的尽可能少,自然不可能把自己的生命权让渡给国家。死刑存置论者则持生命相对神圣的观点,认为犯罪人在犯死刑时,其生命的神圣性就丧失了,国家为了保护他人的生命可以根据法律剥夺犯罪人的生命。康德就认为,"没有人忍受刑罚是由于他有受罚的意愿,而是决定于它应受到刑罚的行为"。黑格尔则认为,社会契

---

① 龚小玲、范新林:《关于死刑存废之争的哲学思考》,《西南民族学院学报(哲学社会科学版)》1996年第2期。

约里不包括公民对国家行使死刑权的同意,这只是一种推定而已,那为什么不能推定社会契约里包括公民对国家行使死刑权的同意呢?①

二、不同的经济社会基础:对传统理论两派观点的批判

按照辩证法的对立统一规律,处于矛盾对立的两个事物既相互排斥,又相互依存。在死刑存废的争论中我们不难发现,死刑废除论者和死刑存置论者针锋相对的观点,却每每是基于同一个角度或者方法而得出的答案。这是为什么呢?这是因为,虽然是从同一个角度出发,但两者所暗含的假设前提不同。

例如,根据正义的角度争论死刑的存废问题,死刑存置论者坚持了报应的群体正义观念,而死刑废除论者则坚持了理性的个体正义观念。在一个以"恶有恶报",强调社会秩序观念为主流社会心理的群体中,显然前者是占上风;在一个以个人价值与私权神圣,强调对恶人也予以适当宽容的社会心理群体中,显然后者占有优势。

又比如,从经济效率的方法来分析时,如果在一个劳动力人口相对缺乏、生活资料富足、平均行政成本偏低的社会,保留死刑会导致劳动力人口的减少,而对犯人的监控代价又比较低廉,因此,废除死刑的论点就处于上风;而在一个劳动力人口相对富余,而生活资料比较稀缺,同时行政成本很高的社会,在肉体上消灭犯罪分子无疑比一直把犯人监控起来免费供给其生活资料在成本上低很多,因此保留死刑的社会经济基础就比较稳固。另外,罪犯的构成比例也是一个因素,如果一国一时的犯罪分子的大多数是文化程度较低,具有先天或后天心理缺陷,具有明显暴

---

① 郭子贤:《论刑事古典学派内部死刑观的异同及其借鉴意义》,《吉首大学学报(社会科学版)》2005 年第 4 期。

力危险性的人，那么死刑比花大力气进行心理、社会矫正的社会成本低很多；相反，如果一国一时的犯罪分子有相当部分为文化程度较高，人身危险性不强，矫正相对容易的人，那么对这些人处以死刑而不给予矫正改造，那么无疑将损失许多劳力、智力资源，死刑反倒是社会成本较高的刑罚了。

由此可见，两派基于相同的角度与分析方法，却得出了不同的结论，是价值观念和社会环境条件等不同的假设前提造成的。没有哪一种观点能够一直占据绝对的压倒性优势，只有随着不同的时代、地域环境、民众观念、经济社会发展状况等因素为基础此消彼长，从而影响到各个国家的对死刑政策的抉择。

三、当前我国死刑政策选择的经济社会基础分析

根据我国的国情，死刑不能完全废除，但可以考虑限制和慎用死刑，这已经成为当前很多学者的观点。[①]这里的"国情"，是一个外延相当广泛的词语。实际上，它就是死刑存废之争所依赖的假设前提，既是指我们国家普通大众普遍的社会心理、正义观念和价值取向，又包括了经济社会的发展现状，更包括了配套的刑事立法、司法制度及其实际运行现状。笔者认为，至少有以下几个具体而现实的因素，决定了我国当前的死刑政策。

第一，社会心理与价值取向。按照通常的理解，法律是理性的。人有理性的一面，也有非理性的一面。而法律为满足人的价值而存在，既要考虑到人的理性需求，也要考虑到人的非理性需

---

① 如陈兴良教授认为，从其应然性来看，死刑废止是刑罚人道主义思想的必然结果；从其实然性来看，它又是一个漫长而曲折的过程，对我国现行死刑制度之存废，应持否定的态度。死刑的废止是以刑罚轻缓化为前提的，只有经过刑法改革，逐渐实现了刑罚轻缓化，死刑的废除才有可能真正提上议事日程。参见陈兴良：《废除死刑之应然与实然》，《法学》2003年第4期。

第七章 司法与社会关系的法经济学研究

要。复仇心理作为一种典型而普遍的社会非理性心理,古今中外概莫能外,只有或强或弱的区分。这种心理,我们无法武断地评价它是好,还是不好。但一种非理性的心理宣泄,是一个不能回避的客观存在的社会需求。笔者限于资源与能力,无法进行广泛的调查取样。但一个明显的事实是,与经过数百年启蒙思想熏陶,受人文主义、理性主义氛围影响的欧洲民众相比,我国大众舆论对恶人进行报复和惩罚、维护社会秩序的心理需求明显强于对生命的平等珍视。虽然越来越多的人开始接受这样的观点:罪犯、犯罪嫌疑人也平等地享有基本权利和尊严。但是,报复主义的非理性需求仍然旺盛。

法律不可能完全摆脱社会环境而存在,法律的制定不可能不考虑这种并不太过分的社会心理需求。而死刑是最能体现报复主义的一种刑罚方式,所以,基于这样的群体心理作背景,保留死刑是必然选择。如果这样的社会心理与舆论基础不加改变,就贸然废除死刑,只会加剧普通大众对法律的不信任。

第二,社会经济成本。按照马克思主义基本原理,法律属于上层建筑,受社会经济基础制约。我国虽然经过二十多年的改革开放,经济实力明显增强,但还不是一个十分富裕的国家,生活资料供给仍然没有达到像发达国家一样充裕的地步。而且,由于某些复杂的原因,司法行政的平均成本居高不下,社会能负担的行政经费并不高。再考虑到目前我国的死刑犯数量中,严重危害人身安全的暴力犯罪占很大一部分,这些人员有很多是文化程度低、有各种先天后天心理缺陷甚至仇视社会的人。把这样的犯人关押在监狱里面,每年国家支出的经费数以万计,对其进行矫正的代价相当大,而罪犯经改造能够再创造的社会财富也很小,从经济上进行对比,不如直接执行死刑来得有效率。

第三,刑罚阶梯不合理。按照刑法基本原则,刑罚轻重应当与罪行的严重程度相适应,也就是"罚当其罪"。"罚当其罪"要求刑法规定的刑罚应当按轻重形成比较合理的梯次配置。终身剥夺自由的滋味对于罪犯来说,不会比死刑好多少。但我国的无期徒刑、死缓(法律规定为死刑的一种执行方式,但事实上与死刑立即执行形成了两种相对独立的刑罚)与死刑立即执行的威慑力有着天壤之别。根据我国《刑法》相关规定,我国无期徒刑可以通过减刑,最快关押十二年就可以被释放,而死缓加上两年考验期,最快关押十四年就可以被释放。显然这样的惩罚与死刑相比反差太大,与某些施行长达数十年甚至上百年自由刑的国家相比,显然没有形成合理的刑罚梯次配置。目前已经有评论认为,我国自由刑的执行期限过短,存在弊端,建议延长。[①] 此外,我国的数罪并罚制度也存在缺憾,即使罪犯被判犯若干个罪,有期徒刑刑期的代数和即使达到几十甚至上百年,执行数罪并罚之后也不超过二十年,再考虑到减刑的因素,罪犯实际被关押的期间也不过十几年。有期徒刑本来所具有的剥夺、威慑等功能也因此大打折扣。这一切都说明现行刑罚阶梯存在严重的扭曲。如果在这样的制度下贸然取消死刑,那么即使被判处最严厉的无期徒刑,罪犯最快关押十二年就放了出来,不仅很难起到较好的震慑作用,而且在监狱矫正效果较差的情况下,有较大人身危险性的罪犯释放之后更有可能重新对社会构成威胁。

第四,刑罚的执行现状。对刑罚执行这一关键而重大的问题,目前从立法到执法都存在重大缺陷,导致刑罚的实际执行效果与理论相差极大。自由刑不仅普遍达不到惩戒和教育的目的,反而导致了相反的效果。刑满释放人员再犯率普遍较高,监狱刑

---

① 丁利才:《建议有期徒刑可超过20年》,《民主与法制时报》2007年3月12日,第A16版。

满释放人员有相当部分成为社会隐患。另外，由于监狱体制、财务预算等诸多原因，刑罚的执行缺乏充足的约束和监督，实践中的刑罚执行丑闻时常被揭露出来。有时犯人通过行贿等不正当手段打开方便之门，对自由的约束名存实亡。由于刑罚执行不严，没有形成对犯罪严厉而持久的威慑印象，反倒在老百姓心目中形成了"只要不枪毙，就还有机会逍遥快活"的潜规则。如果自由刑与死刑存在如此大的落差，且自由刑不能有效惩戒和制止犯罪，甚至不能降低正在服刑的罪犯对社会的危险，那么，除了死刑之外，还有什么办法让守法公民感到安全呢？为什么那么多老百姓反对废除死刑，相当大的原因在于此。

以上简单叙述了笔者对我国当下为什么选择保留死刑的几个因素的思考。笔者认为，这几个因素对决定死刑政策的影响也不是等量齐观的，我国随着经济实力的提高和改革的深入，执行机关的经费问题将逐步得到缓解，第二个因素会慢慢得到解决。而后两个因素毫无疑问对死刑适用的减少甚至废除有关键的阻碍作用。如果我们能对现行的刑罚阶梯和刑法执行现状进行彻底的检讨，从而促进建立科学合理的刑罚体系和刑罚执行制度，使自由刑等其他刑种在实践中能够充分起到控制和打击犯罪、矫正罪犯的作用，那么死刑在刑罚体系中的地位自然就会削弱，于是保留死刑的必要性就大大降低了。

四、以新的理论方法看待死刑政策

我国古代传统法律思想就有"与其杀不辜，宁失不经"[①] 的慎用死刑的思想。在以人为本、尊重人权的理性观念逐渐被接受的趋势下，尽量减少、务必谨慎适用死刑已经成为理论和实务上的共识。死刑的存置或者废除本身并不是最终目的。打击和控制

---

① 《尚书·大禹谟》。

犯罪，保障守法公民权益，保障人权，永远是刑法最基本的功能和终极奋斗目标。死刑政策，也当然必须服务于这个目标，因此，死刑适用的宽与严，也永远是跟随时代的需要而发展，不能简单地认为搞中庸之道——保留死刑并减少死刑适用就一定好。如果我们把保障生命权益与尊严作为价值标准，结合当前国际减少和废除死刑无法逆转的国际大潮流，但又不得不坚持刑法最基本的功能的前提下，为什么我们不能避开死刑是存是废、死刑适用是宽是严的无谓讨论，而紧盯刑法的基本功能和终极目标，将其作为不变的方向，对死刑政策选择所植根的现实基础加以足够的重视并且花大力气加以改善呢？

第二节　司法与非常态社会关系的一种经济分析：以汶川特大地震为例

2008年"5·12"汶川特大地震作为突发事件，给灾区政治、经济、社会等各方面带来了极大冲击，导致了大量社会关系的突变，也给法院履行司法职能带来了诸多客观困难。在这样一种背景下，如何从实际出发，准确把握司法应有的定位，合理、充分发挥人民法院的职能作用，是全省各级法院首先需要解决，必须进行深入理性思考的重大方向性问题。

一、司法应对是汶川特大地震灾害应对的重要组成部分

根据我国宪法确定的现有政治体制，中国共产党是国家和社

会各项事务的坚强领导核心,各级人民政府负责国家各项方针政策和行政、社会管理事务的具体执行。根据《突发事件应对法》第7条规定,县级以上各级人民政府是应对突发事件工作的责任主体。因此,在汶川特大地震灾害背景下,各级党委政府能够有效调动、调整社会资源,进行社会治理,保障人民福祉,在应对特大灾害的工作中占有绝对主导地位。司法虽然并非地震灾害应对的主导力量,但人民法院作为国家机器整体架构的重要一环,其工作也是党领导下整体工作的重要组成部分。我国宪法规定,人民法院依照法律规定独立行使审判权,不受行政机关、社会团体和个人的干涉。审判独立的特征并不代表人民法院生活在真空中。司法,作为人类社会应对公共事务而设计的一种国家职能,对人类社会生活负有自身特殊的政治责任和社会责任,是人类社会治理的重要组成部分。人民法院作为党领导下的司法机关,也必须坚决贯彻党的各项路线、方针、政策,服务于各级党委的中心工作。从国家机关的角色来看,在突发事件背景下保护人民群众生命财产,充分保障民生,是所有国家机关的共同职责;从政法机关的角色看,参与灾后社会治理,维护灾后社会秩序,是所有政法机关的共同职责;从司法自身的角色看,在运用国家法律、政策处理诉讼案件是人民法院的主业,在解决矛盾纠纷的过程中贯彻党和国家应对地震灾害的特殊政策,更是人民法院义不容辞的责任。

因此,人民法院的各项工作毫无疑问是国家和社会对地震灾害整体应对的重要组成部分,必须融入灾后社会治理全局,其他治理环节进行紧密衔接配合,不能脱离地震灾害的现实背景和政策背景机械司法,更不能搞司法孤立主义。具体而言,灾区的社会稳定,灾区最广大人民的根本利益,抗震救灾成果的巩固和灾后重建工作的顺利进行,是灾区最重要和最紧迫的大事,灾区各级法院必须充分发挥司法职能作用,为这三件大事提供最有力的司法保障①。

二、司法在非常态社会与常态社会背景下的定位差异

从国内外法律理论与实践来看，突发事件或者紧急状态下法律的具体实施，都有别于常态社会。在西方国家，由于实行"三权分立"制度，法院通常具有合宪性审查职权，对突发事件或者紧急状态下的司法问题的探索与研究普遍集中于法院对国家机关（主要是行政机关）应对突发事件的合宪性审查的尺度与策略问题②。特别是自"9·11"事件后，美国司法理论与实践上的"顺从"（Deference）学说③得到迅速发展，为美国社会应对大规模恐怖威胁，维护国家安全和社会秩序提供了司法保障。与西方国家不同，我国人民法院既不具备合宪性审查的职权，在参与灾害应对的过程中扮演的作用也远不止对行政机关行为的合法性审查。尽管如此，包括司法应对在内的重大突发事件应对活动，应当遵循特殊的规律，合理权衡非常态背景下自由价值与安全价值、维护社会公共利益与人权保障之间的关系，这一点是共通的，是有大量理论与实践作为支撑的。国家机关为应对突发事件，更好地维护社会秩序，保障全体公民的权益，可以采取临时

---

① 罗东川、林文学：《加强法律应对工作积极服务党和国家工作大局——人民法院应对特大自然灾害的法律思考》，《法律适用》2008年第12期。

② 现有的中文文献如理查德·波斯纳：《并非自杀契约——国家紧急状态时期的宪法》，苏力译，北京：北京大学出版社，2009年；郭殊：《论行政紧急权力的宪政基础及其规制——从"巴黎骚乱事件"说起》，《现代法学》2006年第7期；等等。

③ "顺从"学说观点认为，在紧急状态时期，行政机关具有正确权衡自由与安全的制度优势，国会与法院都不得不顺从行政机关，以增加社会的整体福利。参见戚建刚：《反恐背景下美国司法审查之新理论》，《环球法律评论》2009年第4期。

性的应急措施,对常态下公民的法律权利进行克减。当然,这种权利克减在保障公共利益的同时,也应当遵循合理的比例原则,不得擅越必要的边界,不能侵犯公民最根本、最核心的权利①。从国内外突发事件应对的实践与法律研究来看,这种权利克减主要来源于行政层面。对于来自司法层面的权利克减,理论研究与实践经验较少,但我们认为,这恰恰是人民法院应对突发事件的重要实践探索方向。在汶川特大地震这一突发事件背景下,出于维护公共利益,最大程度保障民生的角度考虑,采取合理的非常措施,对常态下公民通过司法活动行使的权利(包括实体权利与程序权利)予以暂时、合理、适当的克减,在理论上是完全能够成立的。从一定程度上讲,具体的法律规则以及法律权利是通过司法活动塑造的。即使是以相同的法律文本为前提,在不同的具体语境下,公民所实际享有和行使法律权利的具体边界也必然有所不同,并非一成不变的。这种具体的差异在一定程度上是通过不同社会状态下司法活动策略的调整而实现的。

在汶川特大地震发生后,灾后维护社会治安、社会稳定的形势,矛盾纠纷产生和发展的规律都极为特殊,这就注定了灾后法院面临的司法环境是特殊的、严峻的。由于特大地震灾难的影响,灾区各种矛盾纠纷的产生机理、应对规律与常态下的社会相比,存在很大的差异,其蕴含的风险和不确定因素增多,进行科学预测和评估的难度加大。如果严格适用常态下的法律规则,按照惯常思维开展司法活动,不仅不能充分满足灾后社会对司法的

---

① 曾哲:《紧急状态应对集中的民生至上理念——从日本"3.11"地震紧急状态说起》,《现代法学》2011年第7期。我国《突发事件应对法》第11条第1款也明确规定有比例原则:"有关人民政府及其部门采取的应对突发事件的措施,应当与突发事件可能造成的社会危害的性质、程度和范围相适应;有多种措施可供选择的,应当选择有利于最大限度地保护公民、法人和其他组织权益的措施。"

需求和期待，还可能对社会造成难以控制和预知的不利影响，也无助于公民根本利益的保障和实现。如果灾区法院仍然按照常态社会司法工作的思路惯性，不主动思考，无所作为，工作思路僵化，那么其结果必然是灾区的社会矛盾纠纷迅速发酵、蔓延，变得极难解决，法院的工作必然是事倍功半，进退两难，造成司法权威下降、工作被动孤立的不利局面，甚至使法院工作脱离党和国家灾区救灾和重建的整体布局，妨碍整个灾区社会救灾、重建整体目标的实现。四川法院通过对灾后特殊的经济社会背景和司法环境的分析判断，已经充分意识到，必须准确认识和把握汶川地震这一特殊的社会背景，从灾区实际出发，采取不同于常态社会背景下的司法应对策略，妥善化解、处置涉灾矛盾纠纷，维护灾区社会秩序的稳定，充分保障灾区群众民生，达到服务抗震救灾和灾后重建工作大局的目的。

三、司法在非常态社会背景下的局限与优势

在灾后复杂的社会形势背景下，司法发挥作用的环境发生了重大变化，出现了许多不利因素，这就使司法应对手段存在诸多局限性。但从另一个角度来看，司法又具有自身独特的和无可替代的职能优势。要对地震灾后司法的应然角色进行准确定位，就必须辩证地看待两者的关系。

运用司法手段应对地震灾后事务存在明显的局限性。

第一，司法自身固有的法理属性决定了难以妥善应对巨大自然灾害带来的各种问题。通过司法审判、执行实现的正义是矫正正义，即对受到侵害的权益进行公正补偿，对侵权者予以公正处罚。矫正正义不同于分配正义，后者是通过政治（政策、立法等）手段对财富、权利等在不同主体之间进行公正分配。矫正正义只能将财富从责任主体转移到受侵害的主体身上，并不直接增加相关主体之间的财富总量。在特大自然灾害的背景下，灾区的

第七章 司法与社会关系的法经济学研究

绝大多数民众都遭受了惨痛损失,实现矫正正义所必需的大量财富已经被灾难毁灭。因此,灾后的许多纠纷争议,往往需要政治力量进行财富或权利的再分配而获得实质解决①,通过司法手段实现矫正正义往往存在很大的难度。在灾区法院的实践中,这一理论判断已经得到充分体现。很多涉灾纠纷,虽然形式上具有可诉性,但从常态法律条文的演绎推理,难以得出恰当、准确的结论,有的甚至是不符合最低限度的公平正义观念。如果法院不加分析,轻率介入,不仅难以有效和顺利解决矛盾纠纷,还可能使矛盾纠纷进一步激化,加大解决问题的难度和成本投入。

第二,从行政与司法之间的知识优势来看,具有庞大科层制机构的行政机关,具备管理社会各个方面、应对突发事件的特殊知识,能够迅速出台合理的政策,满足社会对秩序与安全的最紧迫需求。而法院的人员规模相对较小,法官(尤其是中基层法院法官)固然对常态社会的一般案件、纠纷具有充分的应对经验,但对非常态背景、环境下的治理对策往往缺乏足够的专门知识准备,研究和应对危机的能力明显不及具有专门知识的行政官员。而一个涉灾案件的审理和裁判,往往隐藏着对涉灾法律政策的方向性选择和判断,具有强烈的社会示范效应。如果在国家对有关法律政策的方向性选择和判断尚不明确、清晰之前,任由不具备特殊知识的法官特别是低层级法官进行方向性、政策性选择,将明显不利于国家整体层面对自然灾害进行合理应对,也会影响个案矛盾纠纷的处理效果。

第三,从国内外应对特大灾害的历史经验与实践来看,维护灾后社会秩序,组织危机应对的主要职责在行政机关。人类历史

---

① 参见朱苏力教授为《破解——大地震下的司法策略》一书所作的序。牛敏主编:《破解——大地震下的司法策略》,北京:人民法院出版社,2009年。

上第一个非常法律制度——古罗马独裁官（dictator）制度，就是典型的执行主导制度。当今世界主要国家普遍将行政机构、执行机构作为危机治理机构，由行政官员承担治理职责①。从美国、日本、我国台湾地区抗击特大地震灾害的实践来看，往往都是行政力量主导，并没有大规模运用司法来处理涉灾矛盾纠纷的先例②。以往我国在抗击特大灾害的过程中，灾区社会秩序的维护和矛盾纠纷的化解，也主要是由各级党委政府综合运用政治动员、行政措施、经济手段、舆论发动、司法干预以及社会介入等多种方式完成的。

第四，从司法的正式性和有限供给性来看，在特大灾害造成物质破坏和资源稀缺的情况下，运用司法审判解决各种涉灾矛盾纠纷不仅受到现实客观条件的限制，也不符合迅速进行抗震救灾工作，及时恢复灾后社会秩序的效率要求。

这些因素都使得在地震后复杂的社会形势背景下，运用司法大规模解决纠纷，不是构建法治社会、实现良好社会治理的必要条件，也不具备现实的可能性。因此，司法不可能成为灾后社会治理的主要力量。尽管如此，司法在灾后社会治理中具有一定的局限性，亦不是主要力量，但人民法院作为国家的审判机关、维护社会公平正义的最后防线，在化解涉灾矛盾纠纷、处理灾后涉法事务方面，具有自身独特优势。这些优势表现在以下三个方面。

第一，人民法院具有熟悉国家政策法律的专业优势，以及长

---

① 孟涛：《中国非常法律的形成、现状与未来》，《中国社会科学》2011年第2期。

② 熊贵彬、柴定红：《中美灾害救助体制比较——以汶川地震和卡特里娜飓风为例》，《华东理工大学学报（社会科学版）》2009年第1期；杨小川、杜玲莉：《中日地震灾害应对比较研究——以汶川和阪神大地震为例》2010年第9期等。

期办理各种诉讼案件、处理各种社会矛盾纠纷的经验优势,能够为公正合理处置各种涉灾纠纷,预防相关矛盾的产生提供坚实保障和支持。第二,人民法院在目前我国纠纷解决机制结构中,处于兜底位置,是各种复杂疑难社会矛盾的最终聚集地。因而灾区法院也是集中反映各种灾后社会矛盾的国家机关,能够全面、敏感地洞察影响灾后社会治理的各种因素,能够及时发现各种法律问题,评估法律风险,进而为调整有关法律政策提供实践基础。第三,部分涉灾案件通过司法解决,尤其是通过裁判方式终结,能够在实践中确认和创设规则,起到广泛的示范效应,发挥"审结一案,教育一片"的宣传、引导、规范作用,能够大大节省纠纷解决的实际成本。

四、非常态社会背景下的司法应为与不为

基于司法自身的局限性和独特优势,人民法院进行地震灾后司法应对,不能被动地放任涉灾矛盾纠纷激化为难以处理的诉讼案件后才再开展工作,从而造成被动的局面。换句话说,灾区法院既要提前谋划,主动出击,为党和国家抗震救灾、灾后重建工作大局提供有力的司法保障,但同时又不能脱离国家救灾和重建的大局和法院自身的工作实际,进行无策略、无目的的出击,盲目乱动。如果不辩证分析和看待地震灾后司法功能的有限性和司法自身的独特优势,脱离灾区实际,盲目开展司法应对行动,也很可能危害党和国家应对地震灾害的工作大局。这就要求我们必须结合司法规律和灾后社会实际,将地震灾害的司法应对工作纳入全局工作进行思考,加强对灾区整体形势的预判,超前谋划,有所为有所不为。

从有所不为的方面看。首先,人民法院的主业是执法办案。从人员配置来看,人民法院的人员较少,远不及行政机关、武装力量;从知识和能力结构来看,法院主要是以法官(文职人员)

为主，熟悉法律、熟悉社情民意和纠纷化解技巧是其知识和能力特长，而在其他的知识和能力方面毫无优势；从物质基础来看，法院的物资装备条件相对有限，难以胜任大规模的救灾、重建任务。因此，人民法院不宜承担抗震救灾和灾后重建的一线主力职能，不适宜冲锋在最前线。其次，对于某些形式上可诉，但实际上难以通过司法裁判合理解决，且极易产生不稳定因素的特殊、敏感案件，人民法院不可机械套用"诉权保障"等教条，而应当区分情况，本着推动矛盾纠纷实质解决的思路，慎重受理，不轻易适用诉讼法律，通过司法审判处理。最后，人民法院不能离开国家法律政策和大局工作的轨道，盲目乱动。尤其是不能机械照搬西方法院（主要是美国法院）的"司法能动主义"（Judicial activism）。后者往往强调法官要基于提高社会福祉或促进政策制定为目的，积极扩张司法权，通过对立法、行政的司法审查等渠道来突破现有法律文本，进行"法官造法"[1]。而人民法院开展化解涉灾矛盾、维护社会稳定的工作，是要服务于国家抗震救灾、灾后重建的大局，不能脱离国家的基本法律政策，不能离开党委政府的通盘考虑单独行动，盲目乱动，更不能搞"法官造法"，不恰当地代替党委、人民政府做出政策和行动的判断。

从有所为的方面看。第一，从个案裁判技术和思维来看，法官在处理涉灾案件时，要十分注意维护人民群众的根本利益，主动从实现实质公正、保障民生的立场，促进矛盾纠纷的实质解决，从国家法律政策和灾区大局的角度审视案件，实现案件处理"三个效果"的统一。第二，从涉灾纠纷的整体处置应对来看，人民法院必须积极作为，加强内部管理与指导机制，对涉灾案件的受理、审判，统一步调，统一尺度，努力提高涉灾案件的审理

---

[1] 罗东川、丁广宇：《关于司法能动的理论与实践》，《法律适用》2010年第2—3期。

质量和效率,防止司法个案产生不良影响,并放大为涉稳事件。第三,从灾后人民法院的整体工作来看,人民法院必须将自身工作与灾区党委政府的中心工作主动对接,在力所能及的范围内维护抗震救灾和灾后重建秩序的稳定,提供司法保障,尤其是通过公正、高效地发挥审判职能,达到确认和树立规则、维护社会法律关系稳定、保护人民群众合法权益的作用。第四,从促进灾区和人民法院自身的长远发展来看,人民法院必须发挥自己熟悉法律、熟悉矛盾化解技巧,处于矛盾纠纷处置窗口的重要位置优势,主动加强分析预判,积极建言献策,推动疑难、复杂、敏感纠纷及时通过综合手段得到化解,并推进相关政策规定的完善,推动灾区矛盾纠纷的化解和预防体系的健全,争取司法工作的主动权。

主要参考文献

专著类

高鸿业.西方经济学[M].北京:中国人民大学出版社,2014.

杨德明.当代西方经济学基础理论的演变[M].北京:商务印书馆,1988.

冯玉军:法经济学理论范式[M].北京:清华大学出版社,2009.

理查德·A.波斯纳.法律的经济分析[M].蒋兆康,林毅夫,译.北京:中国大百科全书出版社,1997.

理查德·A.波斯纳.正义/司法的经济学[M].苏力,译.北京:中国政法大学出版社,2002.

理查德·A.波斯纳.超越法律[M].苏力,译.北京:中国政法大学出版社,2001.

罗伯特·考特,托马斯·尤伦.法和经济学[M].张军,译.上海:上海三联书店、上海人民出版社,1994.

张宇.中国特色社会主义政治经济学[M].北京:中国人民大学出版社,2016.

洪银兴.中国特色社会主义政治经济学理论体系构建[M].北京:经济科学出版社,2016.

杨瑞龙.社会主义经济理论[M].北京:中国人民大学出版社,2008.

顾培东．社会冲突与诉讼机制［M］．北京：法律出版社，2016．

徐昕．论私力救济［M］．北京：法律出版社，2016．

最高人民法院．人民法院司法统计历史典籍 1949—2016（综合卷）［M］．北京：中国民主法制出版社，2018．

理查德·波斯纳．并非自杀契约——国家紧急状态时期的宪法［M］．苏力，译．北京：北京大学出版社，2009．

期刊论文类

王福华．论民事司法成本的分担［J］．中国社会科学，2016（2）．

苏力．"海瑞定理"的经济学解读［J］．中国社会科学，2006（6）．

苏力．审判管理与社会管理——法院如何有效回应"案多人少"？［J］．中国法学，2010（6）．

苏力．关于能动司法与大调解［J］．中国法学，2010（1）．

左卫民．诉讼爆炸的中国应对：基于W区法院近三十年审判实践的实证分析［J］．中国法学，2018（4）．

方乐．司法供给侧改革与需求侧管理——从司法的供需结构切入［J］．法制与社会发展，2017（5）．

张伟强．论司法产品的性质与供给——一个经济分析的视角［J］．北方法学，2016（5）．

申伟．司法产品的分类及其供给［J］．暨南学报（哲学社会科学版），2016（12）．

姜峰．法院"案多人少"与国家治道变革——转型时期中国的政治与司法忧思［J］．政法论坛，2015（3）．

桑本谦．疑案判决的经济学原则分析［J］．中国社会科学，2008（4）．

顾培东. 中国司法改革的宏观思考[J]. 法学研究, 2000（3）.

钱弘道. 论司法效率[J]. 中国法学, 2002（4）.

王亚新. 司法成本与司法效率——中国法院的财政保障与法官激励[J]. 法学家, 2010（4）.

张维迎, 柯荣住. 诉讼过程中的逆向选择及其解释——以契约纠纷的基层法院判决书为例的经验研究[J]. 中国社会科学, 2002（2）.

张维迎, 艾佳慧. 上诉程序的信息机制——兼论上诉功能的实现[J]. 中国法学, 2011（3）.

贺欣. 中国民事诉讼的确存在逆向选择效应吗？[J]. 法学, 2005（7）.

左卫民. 刑事诉讼的经济分析[J]. 法学研究, 2005（4）.

徐昕. 法官为什么不相信证人？[J]. 中外法学, 2006（3）.

艾佳慧. 司法判决中双高现象并存的一种社会学解释[J]. 中外法学, 2005（6）.

李拥军, 傅爱竹. "规训"的司法与"被缚"的法官——对法官绩效考核制度困境与误区的深层解读[J]. 法律科学（西北政法大学学报）, 2014（6）.

王浩云. 从法官到律师：中国司法职业逆向选择现象透视[J]. 湖南社会科学, 2014（3）.

吴平魁. 关于建立我国司法经济学的构想[J]. 当代经济科学, 1990（3）.

王雷, 万迪昉, 贸明, 等. 司法者激励对司法公正影响的模型分析[J]. 当代经济科学, 2007（6）.

戴园晨, 黎汉明. 双重体制下的劳动力流动与工资分配[J]. 中国社会科学, 1991（5）.

姚先国. 劳动力的双轨价格及经济效应[J]. 经济研究, 1992（4）.